콕 집어 알려주는
**가정예배
가 이 드**

콕 집어 알려주는
가정예배 가이드

© 생명의말씀사 2020

2020년 4월 10일 1판 1쇄 발행
2020년 6월 30일   2쇄 발행

펴낸이 | 김재권
펴낸곳 | 생명의말씀사

등록 | 1962. 1. 10. No.300-1962-1
주소 | 서울시 종로구 경희궁1길 5-9(03176)
전화 | 02)738-6555(본사) · 02)3159-7979(영업)
팩스 | 02)739-3824(본사) · 080-022-8585(영업)

지은이 | 임경근

기획편집 | 서정희, 김민주, 배정아
디자인 | 김혜진
인쇄 | 영진문원
제본 | 정문바인텍

ISBN 978-89-04-16708-1 (03230)

저작권자의 허락없이 이 책의 일부 또는 전체를
무단 복제, 전재, 발췌하면 저작권법에 의해 처벌을 받습니다.

콕 집어 알려주는
가정예배 가이드

추천사

● 온 가족과 함께 직접 가정예배를 경험하면서 삶으로 쓴 글

— 박상진 (장로회신학대학교 기독교교육학 교수)

이 책은 『콕 집어 알려주는 가정예배 가이드』라는 제목 그대로 정말 가정예배에 관한 모든 궁금증을 콕 집어서 해결해주는 책이다. 저자인 임경근 목사님은 이미 『교리와 함께 하는 365 가정예배』를 비롯해 가정예배와 관련된 여러 권의 책을 집필한 분으로, 이 분야 최고의 전문가이다.

무엇보다 이 책은 저자의 가정이 네덜란드 유학 시절부터 몸소 실천한 가정예배의 경험으로부터 나온 지혜를 풍성하게 담고 있다. 그런 점에서 책상에 앉아서 집필한 것이 아니라 저자가 온 가족과 함께 직접 가정예배를 경험하면서 삶으로 쓴 글이라고 할 수 있다. 저자는 역사신학 전공자답게 가정예배의 역사를 구약시대부터 초대교회, 종교개혁, 네덜란드 개혁교회, 초창기 한국 교회에 이르기까지 소상히 소개하고 있으며, 오늘날 한국 교회의 현실 속에서 가정예배의 필요성에 대해서 강하게 도전하고 있다.

이 책의 가장 큰 매력은 가정예배를 드리지 못하도록 만드는 장애물을 콕 집어서 하나씩 제거하고 있고, 어떻게 가정예배를 드리면 되는지를 친절하게 콕 집어서 제시하고 있다는 점이다. 그야말로 가정예배의 모든 것이 담겨 있는 책이라고 해도 과언이 아닐 것이다. 이 책을 읽는

사람은 가정예배를 드리지 않고 피해갈 방법이 없음을 깨닫게 될 것이다. 무엇보다 가정예배에 대한 사모함이 생겨 스스로 가정예배를 시작하게 되는 용기를 얻을 것이다.

이 책을 한국 교회의 모든 목회자와 부모에게 추천하며, 이 책으로 인해서 한국 교회에 가정예배 운동이 힘 있게 확산되기를 소망한다.

● 복된 가정을 위한 축복의 시간으로 우리를 초대하고 있습니다
　 – 임만호 (군산드림교회 담임목사)

한국 교회는 지금 다음 세대에게 신앙을 전수하기 위해 발등에 불이 떨어졌습니다. 여러 교회에서 많은 노력과 시도를 하고 있지만 현실은 만만치가 않습니다. 우리나라 고등학교 학생들이 한 주간 학교에서 학습하는 시간이 70시간쯤 되는 반면에 교회학교에서 예배드리며 말씀을 배우는 시간은 겨우 70분에 불과합니다. 실로 시간만이 아니라 모든 면에서 비교가 되지 않습니다. 그러나 신앙교육은 그 어떤 것으로도 대신할 수 없는 생명의 교육이며 절대가치의 교육입니다. 때문에 성도들이 그 중요성은 절실하게 여기면서도 교회학교에서의 1시간에 맡기고 끝내는 것은 정말 안타까운 현실입니다.

가정에서의 신앙교육이 절대적으로 필요하며 그 중심에 가정예배가 있다는 것을 부정할 사람은 없을 것입니다. 이번에 가정예배가 가장 오래되고 확실히 검증된 경건생활의 기본이며 신앙교육의 최상의 방법임을 제대로 알려주는 책이 나오게 됨을 기쁘게 여깁니다. 무엇보다도 이 책은 임 목사님 부부가 유학생활 때부터 오늘에 이르기까지 가정예배를 몸소 실행하면서 정립한 것이기에 더욱 구체적이고 현장감이 넘칩니다.

이 책은 우리가 살아가는 시대에 적합한 다양한 가정예배의 방법들을 제안하면서 복된 가정을 위한 축복의 시간으로 우리를 초대하고 있습니다. 건강한 다음 세대를 꿈꾸는 부모와 교사가 일독하고 활용해 꼭 실현하기를 소망합니다.

● **가정예배는 특별한 일이 아니라 자연스러운 가정생활의 한 부분이다**
  – 정병오 (기독교윤리실천운동 공동대표, 전 「좋은교사」 대표)

가정예배의 당위성을 부정하는 그리스도인은 거의 없다. 하지만 가정예배의 본질을 인지하면서 그 복을 충분히 누리는 그리스도인도 그리 많지가 않다. 이러한 당위와 현실의 큰 간격을 무엇으로 설명할 것인가? 그것은 가정예배를 종교적 의무나 신앙교육의 수단으로 접근하느냐, 아니면 신앙 정체성의 자연스러운 표현이나 일상적인 가정의 문화로 접근하느냐의 차이일 것이다.

이 책은 가정예배의 종합 안내서라 할 만큼 가정예배와 관련해 필요한 모든 요소를 친절하게 안내하고 있다. 핵심은 두 가지다. '가능하면 가정예배를 자주 드리라'는 것과 '그 내용은 공예배의 요소에 얽매이지 말고 가정의 형편에 따라 유연하게 하라'는 것이다. 매일 온 가족이 식사를 통해 생명과 육체적 건강을 유지하듯 가정예배를 통해 영적으로 건강하게 자라가도록 하라는 것이다. 특별한 일이 아니라 자연스러운 가정생활의 한 부분이 되게 하라는 것이다.

가정예배의 회복은 그러지 않아도 해야 할 일이 많은 종교적 의무 위에 또 하나를 더 얹는 것이 아니다. 가정에서 부부와 자녀들이 하나님의 말씀을 가지고 삶을 이야기하고 그것을 가지고 함께 기도하는 가운데 주어지는 하나님의 임재와 복을 누리자는 것이다. 그리고 거기서 오는 기쁨으로 우리 자녀들이 자신의 신앙 정체성을 형성하게 하자는 것이다. 이 책이 이 복에 참여하고자 하는 사람들에게 소중한 안내서가 되리라 확신한다.

CONTENTS

추천사 ● 4
여는 글 ● 12

PART 1 우리 집 가정예배 기초 놓기

01 ─ 성도에게 가정이란 어떤 의미일까? ● 22

하나님의 소유인 자녀
부모는 가정의 경영자다
부요함의 상징이었던 가정 경건
가정의 참 의미를 회복시킨 종교개혁

02 ─ 유대인들은 가정에서 어떻게 신앙을 가르쳤을까? ● 32

밥상머리에서 시작되는 신앙교육
경외심부터 가르치라
영성을 낳는 '일관성'

03 ─ 역사 속 가정예배는 어떤 모습이었을까? ● 42

모이기를 힘쓴 구약 시대와 초대교회
격변하는 종교개혁 이후 장로교회
하루에 세 번 예배하는 네덜란드 개혁교회
시작부터 독특했던 한국 개신교회

04 ─── 한국 교회는 왜 지금, 가정예배가 꼭 필요할까?　　　● 52
　　　– 가나안 땅에 들어간 이스라엘과 같은 한국 교회

　　다른 이름의 빈곤
　　배부른 너희여, 조심하라
　　설 자리를 잃어가는 신앙교육
　　사탄이 성공한 공격 전략

PART 2　우리 집 가정예배 세우기

05 ─── 가정예배를 방해하는 장애물 제거하기　　　● 74

　　"시간이 진짜 없어요" – '진짜 시간'을 벌어주는 가정예배
　　미디어에 잠식당한 우리 집 – 바라보는 것에는 힘이 있다
　　"가정예배 경험이 없어요" – 몰라서 더 풍성해지는 가정예배
　　가정예배에 대한 안 좋은 추억이 있다면 – 우리 집 가정예배, 내가 다시 쓴다
　　"그놈의 귀차니즘 때문에요" – 모이는 습관에 더해지는 은혜
　　아버지의 빈자리 – 포기하지 않으면 언제나 방법은 있다

06 ─── 행복한 가정예배를 위한 땅 다지기 ● 90

예배는 매일 해야 할까? – 중요한 건 습관
언제, 얼마나 해야 할까? – 하루 10분 정해진 시간에
성경 고르기 – 모든 지혜와 지식의 보고
찬송은 즐겁게 – 모든 세대가 하나가 되는 시간
설교는 누가 할까? – 아버지, 설교자가 아닌 인도자
교리 문답 활용하기 – 튼튼하고 균형 잡힌 신앙교육을 원한다면
편안한 분위기에서 대화의 장으로! – 가정의 편안함과 예배의 경건함
마무리 기도하기 – 아이들도 기도하는 예배자로 자란다

07 ─── 우리 집에 꼭 맞는 가정예배 세우기 ● 110

어린아이와 가정예배(7세 이하) – 경건의 훈련을 위한 시간
초등학생 자녀와 가정예배(8-13세) – 믿음도 지식도 자라나는 시간
중·고등학생 자녀와 가정예배(14-19세) – 신뢰와 믿음을 다져가는 시간
조부모와 가정예배 – 할머니가 들려주는 성경 이야기
1인 가정, 아이 없는 부부, 한부모 가정 – 다양한 모습의 가정예배
손님과 함께하는 가정예배 – 가장 귀한 것으로 대접할 수 있는 기회

08 ── **가정을 변화시킨 가정예배 사례**　　●　**122**
　　우리 가족이 세상을 이기는 힘
　　가족 구원의 축복을 안겨준 가정예배
　　아이들에게 물려주는 신앙의 유산
　　하나님이 우리 가족과 함께하심을 고백하는 시간
　　우리 가족이 행복한 이유

09 ── 〈이것만은 꼭 알자고요!〉 **가정예배를 위한 20가지 팁**　　●　**136**

PART 3　부록

가정예배 안내문　　●　**154**
가정예배 일지　　●　**158**
가정예배 결심서　　●　**162**

주　　●　167

가정이 회복되면
교회가 살아나고,
세상이 살아납니다

네덜란드에서 경험한 개혁교회의 가정예배

1994년 3월 결혼 후 우리 부부는 그해 여름이 끝나갈 즈음 네덜란드로 유학길을 떠났다. 7년 4개월의 네덜란드 유학 생활 가운데 우리 가정에 가장 큰 영향을 준 것이 무엇이냐고 묻는다면, 망설임 없이 '가정예배'라고 답할 것 같다.

네덜란드 전통 교회는 '개혁교회(Reformed Church)'라고 부르는데, 한국의 개신교회인 셈이다. 마르틴 루터(Martin Luther)의 종교개혁을 따르는 정통 개혁신앙은 네덜란드에서 400년 동안 꽃을 피웠다. 하지만 안타깝게도 개혁신앙을 고수하고 있는 네덜란드 개혁교회는 오늘날 소수로 전락하고 말았고, 대부분은 급격히 세속화되고 신학적으로 자유화되었다. 현재는 영적으로 매우 빈곤한 상황 가운데 있다.

필자는 목사로서 정통 개혁교회의 신학과 신앙을 경험하고 배우는 특권을 누렸을 뿐 아니라, 성도로서 네덜란드 개혁교회에 깊숙이 들어가 그리스도 안에서 친밀한 교제를 나누었다. 그리고 네덜란드 개혁교회가 450년 동안 지속해온 가정예배의 모습을 보고 배워 지금까지 실행하고 있다.

여기에 네덜란드 개혁교회 가정예배의 전통과 원리를 간단히 소개하고자 한다.

네덜란드 개혁교회의 가정은 늘 온 가족이 함께 모여 식사를 하고, 대부분 식사 때마다 가정예배를 드린다. 식사를 거르지 않는 한 가정예배도 반드시 드린다.

즐거운 식사 시간! 어머니의 요리가 끝나고 식탁에 접시와 포크, 나이프가 준비되고 음식이 가운데 놓이면 온 가족이 식탁에 둘러앉는다. 아버지는 온 가족이 식탁에 앉았는지 둘러본 다음 머리를 숙이고 감사의 식탁기도를 드린다. 가족 모두 고개를 숙이고 기도에 동참한다. 감사기도가 끝나면 아버지가 일어나 음식을 나누는데, 개인 접시에 음식을 직접 놓아준다. 아버지가 가정에서 '왕'의 임무를 수행하는 순간이다. 직장에서 벌어온 돈으로 마련한 음식을 아버지가 직접 배식하는 것은 특별한 의미가 있다.

어머니의 사랑과 정성이 들어간 음식은 온 가족을 기쁘게 한다. 식탁 위로 즐거운 대화가 오간다. 식사가 끝나면 개인 접시와 큰 냄비를 부엌으로 옮긴다. 이제 가정예배가 시작된다.

순서를 맡은 아이가 가까운 장에 놓인 성경을 가져와 온 가족에게 나누어준다. 성경은 언제나 식탁 가까운 곳에 비치되어 있다. 아버지가 성경을 한 장 정도 읽으면 아이들은 눈으로 성경을 따라 읽고, 귀로 아버지의 입을 통해 전해지는 하나님의 말씀을 경청한다. 이때 아버지는 '선지자'의 역할을 하는 셈이다. 아버지는 읽은 성경 내용을 잘 이해했는지 자녀들에게 질문한다. 아이들이 쉽게 대답할 수 있는 질문이다. 이 시간을 통해 아이들은 하나님과 하나님이 그들을 위해 행하신 복음을 배운다. 그 후 찬송을 한 곡 부른다(생략하기도 한다).

마지막으로 아버지가 기도한다. 기도는 아버지의 '제사장' 역할이다. 온 가족의 구원과 안녕을 위해 기도한다. 이렇게 가정예배가 마무리된다.

육의 양식과 영의 양식을 동시에 먹는 가정예배는 하루 세 번 식사 시간마다 이루어진다. 설교는 없다. 가정에서는 하나님의 말씀인 성경 자체를 듣는 것으로 충분하다. 혹시 본문의 뜻이 애매하거나 어려울 경우 간단한 설명을 할 뿐 설교는 하지 않는다. 연령대가 높은 자녀들의 경우에는 성경을 읽은 후 적용에 대한 질문을 해 대화 시간이 길어질 수 있다. 긴 대화는 주로 여유가 있는 저녁 시간이나 토요일 혹은 주일에 이루어진다. 대부분의 가정예배는 15분 정도면 충분하다. 이렇게 예배드리는 모습이 무척 인상 깊었던 필자는 우리 가정에서도 실천하기로 마음먹었다.

잃어버린 보물, 가정예배를 되찾다!

2001년 12월 유학 생활을 마무리하고 아내와 네덜란드에서 낳은 두 딸과 한국에 입국했다. 유학 생활 7년 동안 한 번도 한국을 다녀오지 못했던 터라 한국 사회의 변화에 적응하는 것이 만만치 않게 힘들었다. 그리고 곧 이른 새벽에 나가 저녁 늦게 집에 들어오는 바쁜 부목사로서의 삶이 시작되었다. 결국 한국에 돌아온 후부터는 가정예배를 드릴 수가 없었다. 집에 돌아오면 가정예배를 인도할 기력조차 없었다. 아이들도 바쁘기는 매한가지였다. 필자뿐만 아니라 우리 가족 모두는 정신없이 돌아가는 한국 생활에 적응하고 있었다.

가정예배를 쉬는 것은 계획에 없었다. 지난 네덜란드 유학 생활 동안 매 식사 시간에 성경을 읽고 기도하던 가정예배의 소중한 습관을 잃어버리는 데는 그리 많은 시간이 필요하지 않았다. 가정예배를 시작하는 것은 어려웠지만 그만두기는 쉬웠다.

우리 가정의 영적인 문제를 발견한 사람은 아내였다. 아내는 가정에서 남편과 아버지의 존재감이 사라져가고 있음을 온몸으로 느끼고 있었다. 우리 부부는 많은 고민 끝에 홈스쿨링(Home Schooling)을 하기로 마음먹었다. 신앙교육을 우선하기 위함이지, 학업을 증진시키거나 높은 성취도를 이루는 데 중점을 둔 것이 아니었기에, 일단 우리 부부는 아이들을 좋은 대학에 보내고자 하는 욕심을 내려놓았다. 그러자 마음이 편해졌다. 네덜란드에서 하던 대로 매일 식사 시간에 여유롭게 가정예배를 드릴 수만 있다면, 그것으로 교육은 시작되었다고 본 것이다.

2005년 3월 한 기독교 학교에 교목으로 가게 되었다. 학교 현장에 있으면서 한국 교회의 기독교 교육, 곧 신앙교육의 문제와 본격적으로 씨름하는 기회를 가졌다. 결국 그 일이 가정에서의 신앙교육의 중요성을 교회에 알리기로 결심한 계기가 되었다.

흔히 일반 교육은 학교가, 신앙교육은 교회가 책임진다고 생각하는데, 필자의 생각은 달랐다. 가정에도 부모가 감당해야 할 기본적인 교육적 책임과 의무가 있다고 믿었다. 그래서 어디를 가든 "신앙교육의 핵심에는 가정예배가 있다"고 강조했다. 그러다 보니 어느새 필자에게 '가정예배 전도사'라는 수식이 따라붙어 있었다.

한국에서 왜 가정예배인가?

한국 교회에서 가정예배는 찾아보기 어려운 신앙 문화인 것이 사실이다. 필자의 경우에도 어릴 때 가정예배를 드린 경험이 있긴 하지만 고작 설날이나 추석에 드리는 연중행사 수준이었다. 물론 매일 가정예배를 드리는 가정이 없지는 않지만, 신앙생활에 남달리 열심인 가정에서나 가끔씩 볼 수 있는 모습이다.

한국 교회는 세계 기독교 역사에서 유례를 찾아보기 힘들 만큼 놀라운 성장과 발전을 이룩했다. 예배·전도·봉사로 대표되는 교회생활과 기도에 대한 열심은 전 세계 어디에 내놓아도 빠지지 않을 만큼 대단하다. 그런데 이야기가 가정예배로 오면 달라진다. 교회의 구역, 속회, 소그룹에서는 모일 때마다 성경을 읽고, 기도하고, 찬송하는데 매일 만나는 가장 작은 소그룹인 가정에서는 그런 열심을 찾아보기가 어렵다. 각자 개인 묵상 시간을 통해 성경을 읽고, 심지어 새벽기도를 드릴지라도 온 가족이 함께 모여 드리는 가정예배만큼은 예외 사항이다.

이렇게 된 배경에는 여러 가지 이유를 꼽을 수 있겠지만, 무엇보다 한국 사회가 너무 바쁘다는 것이 가장 큰 원인일 것 같다. 부모는 해가 뜨자마자 출근해서 늦게까지 일하고 파김치가 되어서 퇴근한다. 자녀들도 학교가 끝나면 학원 스케줄이 기다리고 있다. 모두에게 주어진 하루 일정이 만만치 않다. 자연스럽게 가족이 한자리에 앉아 식사하는 모습은 찾아보기 힘든 풍경이 되어버렸다. 겨우 토요일이나 주일이 가족이 함께할 수 있는 시간인데, 막상 주말이 되면 피곤해서 TV 앞에 누워 있거나 자신만의 취미생활을 누리고 싶을 뿐이다.

우리의 가정은 본래의 기능을 상실한 지 오래다. 그러한 가정에서 가정예배는 비집고 들어갈 틈이 보이지 않는다. 가족이 함께 모여 신앙적인 대화를 나눈다는 생각만 해도 생경하고 쑥스럽다. 그러다 보면 온 가족이 둘러앉아 기도하고 성경을 읽는 모습이 우리 삶에서 완전히 사라질지 모른다.

가정예배를 드리지 않으면 잃게 되는 것이 무엇일까? 신앙생활은 혼자 하기 어렵다. 가족이 손을 붙잡고 함께 하나님께 나아갈 때 서로 도움을 주고 배우게 되는데, 가정예배를 드리지 않으면 가족 상호 간에 신앙적 관계 형성이 힘들다. 또한 가족 구성원이 가정예배에서 공급받아야 할 신령한 양식을 섭취하지 못하면 세상에서 세속적 양식을 섭취할 위험성에 쉽게 노출된다. 부모 스스로가 신앙으로 무장하고 단련해 자녀들을 말씀과 훈계로 훈련하지 않으면 사탄이 우리와 자녀들을 자기 종으로 만들고 훈련시킨다는 사실을 잊지 말아야 한다.

그렇다면 일주일에 1시간의 주일학교 교육으로 자녀들의 신앙교육이 충분하다고 할 수 있을까? 본래 주일학교의 정체성은 불신자의 자녀들을 교육하는 것이었다. 약 200년 전 시작된 주일학교는 영국과 미국을 휩쓴 부흥운동의 흐름에 발맞추어 비약적인 발전을 이루었다. 그러다가 가정과 교회가 신앙교육을 주일학교에만 전적으로 맡

겨버린 것이 문제의 발단이 된 것이다.

하나님은 부모에게 자녀들의 신앙을 교육하는 책임을 맡기셨다. 가정예배는 자녀에게 신앙을 전수하는 좋은 방법이다. 구약과 신약 시대를 통틀어 가정은 늘 신앙교육을 위한 최고의 장소였다. 가정예배는 가장 오래되고 검증된 가정 경건생활의 기본이며 신앙교육의 최상의 방법인 것이다.

그리스도인 부모라면 누구나 자녀들을 신앙으로 훈련시켜야 한다. 필자는 한국 교회가 자녀들에게 신앙을 전수할 수 있는 방안을 오랜 시간 고민해왔고, 네덜란드 개혁교회에서의 특별한 경험과 한국에서 실제 가정예배를 통해 자녀들에게 신앙을 전수하며 훈련해온 경험을 담아 이 책을 썼다. 아무쪼록 교회를 일깨우고, 가정을 살리고 강건하게 하는 데 이 책이 물꼬가 되었으면 한다.

_ 임경근 목사

FAMILY WORSHIP GUIDE

PART.1
우리 집 가정예배 기초 놓기

성도에게 가정이란 어떤 의미일까?
유대인들은 가정에서 어떻게 신앙을 가르쳤을까?
역사 속 가정예배는 어떤 모습이었을까?
한국 교회는 왜 지금, 가정예배가 꼭 필요할까?

01
FAMILY WORSHIP GUIDE

성도에게 가정이란
어떤 의미일까?

만약 누군가 목사인 필자에게 "교회와 가족 중 하나만 택하십시오"
라고 요청한다면 무엇을 선택해야 할까? 생각해볼 만한 의미심장한
질문이다. 목사가 교회에 충성하다 보면 가족을 돌보는 일을 등한히
하기가 쉽기 때문이다.

훌륭한 목사는 교회를 위해서라면 가정을 희생하는 것을 어쩔 수
없는 미덕으로 여기는 풍조가 있어, 목사의 자녀들이 오히려 신앙적
인 어려움을 겪는 경우가 종종 생기곤 한다. 목사의 아내는 대개 자기
남편이 유명한 목사이기보다는 보통의 자상한 남편이기를 원하고,
목사의 자녀들도 아버지가 잘나가는 목사이기보다는 평범하지만 다
정한 아버지이기를 바란다. 그렇다면 목사에게는 가정과 교회 중에
서 무엇이 더 중요해야 할까?

하나님의 소유인 자녀

로마 가톨릭교회는 성직자의 독신주의를 발전시켰다. 결혼보다는
독신으로 사는 것이 더 복되다고 가르쳤다. 가정을 이루며 사는 것이

죄라고는 하지 않지만, 그렇다고 결혼하고 자녀를 낳아 키우는 삶이 이상적이고 고상한 삶이라고도 하지 않는다.

그런데 개신교회는 이러한 생각과 삶을 거부한다. 종교개혁가들은 대부분 결혼했고, 자녀를 낳고 아름다운 가정을 이루었다. 마르틴 루터의 아내는 수녀원 출신이었고, 존 칼빈의 아내는 재세례파 교인이었다가 개종한 미망인이었다. 이렇듯 종교개혁가들은 가정을 중요하게 생각했다. 태초에 하나님이 가정을 만드셨음을 발견했고, 그리스도 안에서 가정의 소중함을 회복했다.

사실 가정은 그 기원에 있어서 교회보다 앞서는, 인류 역사에 있어서 가장 오래된 제도이자 기관이다. 태초에 하나님이 가정을 창조하시며 기초 사회 단위로 만드셨고, 이는 인간이 만든 것이 아니기에 하나님의 선물이라고 할 수 있다.

최초의 가정은 아담과 하와를 통해 에덴동산에서 시작되었는데, 오늘날은 결혼이라는 제도를 통해 하나님 안에서 남자와 여자가 부부의 언약을 맺는 것으로 완성된다. 하나님은 부부라는 관계를 통해 최고의 선물인 자녀라는 생명을 주셨다. 그러므로 부모의 손으로 자녀를 양육한다 해도 자녀의 원래 소유자는 하나님이신 것이다. 하나님은 육신의 부모에게 하나님을 대신해서 자녀를 양육하고 훈련할 의무를 주심과 동시에, 자녀를 키우면서 기쁨 또한 맛보게 해주셨다.

세상에서 가장 이상적인 공동체는 어디일까? 대개 사람들은 속세를 떠나 살기로 헌신한 사람들이 모인 수도원이나 기도원이라고 생각한다. 그렇지 않다. 이 땅에서 가장 이상적인 공동체는 바로 가정이다.

교회 공동체에는 가정만이 할 수 있는 기능이 빠져 있다. 하지만 오늘날 가정 공동체가 그 기능을 제대로 발휘하지 못하기 때문에 가정을 떠난 사람들이 모여 새로운 형태의 공동체를 이루려 하는 것이다.

성경적인 가정생활이란 온 가족이 하나님을 중심으로 하나님의 말씀, 즉 언약에 순종하며 하나님을 함께 누리는 것이다. 하나님은 가정 안에서 특별하게 일하신다. 성령을 통해 구체적으로 일하신다. 따라서 우리는 가정을 통해 하나님을 경외하는 삶을 경험할 수 있다. 가정은 '교회 안의 작은 교회(ecclesiola in ecclesia)'인 것이다.

서양의 옛 그리스도인은 집 문패에 아버지, 어머니, 아들, 딸의 이름을 열거하고 마지막에 '하나님'이라고 썼다고 한다. 서열을 중요하게 생각하는 한국의 경우 '하나님'이 맨 위에 위치했겠지만, 서양에서 순서는 크게 중요하지 않았나 보다. 중요한 것은 그들이 가정을 하나님이 함께하시는 곳으로 분명하게 인식하고 있었다는 점이다.

> 임경근
> 윤혜숙
> 임예림
> 임예솔
> 임예찬
> 임예서
> **하나님**

부모는 가정의 경영자다

'가정'과 '가족'의 차이는 무엇일까? 먼저 사전적 정의에 의하면, 가정은 '부부를 중심으로 그 부모나 자녀를 포함한 집단과 그들이 살아가는 물리적 공간인 집을 포함한 생활 공동체'를 통틀어 이르는 말이다. 또한 가족은 '부부를 중심으로 하여 그로부터 생겨난 아들·딸·손자·손녀 등 가까운 혈육들로 이루어지는 집단'을 말한다.

사실 이 둘은 분명하게 구분해서 사용하기가 쉽지 않다. 영어도 마찬가지인데, 가령 home, family, household 등 다양하게 사용할 수 있다.

그렇다면 히브리어 어원을 더 탐색해보자. 구약 히브리어에서 '바이트(bait)'라는 단어가 가정으로 번역될 수 있고, household라는 뜻에 가깝다. 바이트는 부모와 자녀로 구성된 혈육뿐만 아니라, 가정에 숙식하는 종과 기술을 배우는 도제(徒弟)나 피고용인들까지 포함한다. 경제적인 기여에 직간접으로 영향을 미치는 사람들의 구성이 가정이라는 개념이었다.

신약 헬라어에서는 가정을 '오이코스(oikos)'라고 표현하는데, 이 단어도 구약의 바이트와 같은 의미이다.

'이코노미(economy)'는 헬라어 '오이코노미아(oikonomia)'에서 왔는데, 가정을 뜻하는 '오이코스(oikos)'와 경영을 의미하는 '노모스(nomos: management)'가 합쳐진 단어이다. 가정을 꾸리는 것과 경영을 동일시한 것이다. 기술의 발달로 산업혁명이 일어나 대량 생산이 가능해지면서 경영이 가내 수공업에서 대규모 공장과 회사로 이동해갔지만, 본래 경영은 가정에서 시작되었다.

'패밀리(family)'는 라틴어 '파밀리아(familia)'에서 왔고, 이 라틴어는 '종' 혹은 '섬기는 자(servant)'를 뜻하는 '파물루스(famulus)'에서 왔다. 즉 가정은 집에서 일하는 섬기는 자들의 무리라고 본 것이다. 본래 가정은 아버지, 어머니, 자녀들과 종들로 구성되어 모두 하나같이 섬기는 자로 구성되었다.

종합하면, 가정이란 단순히 혈연으로 맺어진 집단이 아니라, 결혼과 혈연, 게다가 입양과 계약 관계까지 포함해 만들어진 개념이라고 정의할 수 있다.

성경에도 하나님의 언약에 이러한 가정의 개념이 적용되었음을 알 수 있다. 하나님은 아브라함과 언약을 맺으실 때 아브라함뿐만 아니라 그의 자녀들과도 언약을 맺으셨다. 뿐만 아니라 그 집에 살고 있는 종들과 거류민들도 그 언약에 속했다. 그래서 아브라함은 언약의 표인 할례를 돈으로 매매한 이방인 출신 종들에게도 행해야 했다(창 17:7, 9-13 참고).

언약의 대표자인 아브라함이 언약의 말씀을 가정에 전하면 그 언약의 말씀이 미치는 범위 안에 있는 모든 자도 그 언약에 속했다고 본 것이다. 그러니 가정의 범위는 언약을 기준으로 해야 하고, 언약의 말씀이 미치는 곳이 가정의 경계인 셈이다.

부요함의 상징이었던 가정 경건

유대인들은 가정을 성전처럼 소중히 여겼다. 그래서 아버지를 제사장으로 인정했고 자녀들은 돕는 자들로, 안식일의 식사 시간은 거룩한 사건처럼 여겼다.

욥은 가정의 제사장으로서 자녀들의 영적 상태를 위해 늘 노심초사했다. 욥 또한 자녀들과 함께 가정에서 제사를 드렸다(욥 1:5 참조).

가정에서 자녀들과 함께 하나님께 예배하는 것은 경건한 가정의 부요함을 나타내는 표다. 그러기에 온 가족이 함께 하나님께 나아가는 것은 소중한 일이다. 야곱 또한 자기 집안 사람들에게 정결한 삶을 요구했다.

"야곱이 이에 자기 집안 사람과 자기와 함께한 모든 자에게 이르되 너희 중에 있는 이방 신상들을 버리고 자신을 정결하게 하고 너희들의 의복을 바꾸어 입으라"(창 35:2).

여호수아도 백성 가운데 자신이 가장 먼저, 가족과 함께 하나님을 섬기겠다고 결단했다.

"…너희가 섬길 자를 오늘 택하라 오직 나와 내 집은 여호와를 섬기겠노라"(수 24:15).

이스라엘 백성은 여호수아의 모범을 따랐다. 그들은 가정 단위로 하나님께 나아갔기 때문에 신앙생활도 가정 단위에서 형성되었다. 바울이 간수에게 복음을 전해 그가 예수님을 영접할 때도 가정 단위로 신앙을 갖게 되었음을 알 수 있다.

"이르되 주 예수를 믿으라 그리하면 너와 네 집이 구원을 받으리라 하고 주의 말씀을 그 사람과 그 집에 있는 모든 사람에게 전하더라…온 가족이 다 세례를 받은 후…그와 온 집안이 하나님을 믿으므로 크게 기뻐하니라"(행 16:31-34).

바울이 빌레몬에게 보낸 편지에서도 가정을 중심으로 신앙생활이 이루어지고 있음을 볼 수 있다. '아킵보와 네 집에 있는 교회'는 골로새 교회의 모범이 되는 가정이었다.

"…빌레몬과 자매 압비아와 우리와 함께 병사 된 아킵보와 네 집에 있는 교회에 편지하노니"(몬 1:1-2).

가정의 참 의미를 회복시킨 종교개혁

종교개혁 시대의 가정에 대한 인식은 큰 변화를 겪었다. 중세 시대의 가정은 빛을 제대로 보지 못했으며 신앙은 교회의 전유물일 뿐이었다. 그런 시대적 상황에서 종교개혁은 가정의 역할과 기능을 본래대로(ad fontes) 회복시켰다.

당시는 신앙생활을 제대로 하기 위해서는 수도원이나 수녀원으로 도피해야 한다고 여겼는데, 종교개혁은 신앙생활의 본거지를 가정이라는 현장으로 돌려놓았다. 수도원에서 이루어졌던 매일의 기도와 성경 읽기를 가정예배로 옮겨놓았다. 삶의 무게 중심이 성직자에서 시민, 즉 남편이자 아버지, 아내이자 어머니로 옮겨졌으며, 가정이라는 현장에서 경건을 배우고 훈련할 수 있게 된 것이다. 다음 표를 참고하면 중세 교회가 얼마나 많이 본질에서 벗어나 있었으며, 종교개혁이 얼마나 이를 본질로 돌이켰는가를 알 수 있다.

	중세 교회	종교개혁
삶	세상을 피함	세상을 변화시킴
경건	결혼을 피하고 천상적 생활을 열망	결혼 안에서 의무와 규례를 지킴
모범	성직자와 수도사, 수녀	성도와 시민, 남편, 아내
결혼	결혼 잔치에 발길을 끊음	결혼 잔치에 기쁨을 줌
성	금욕으로 정절을 지킴	결혼 안에서 정절을 입증
여성관	여성을 유혹자로 보고 피함	결혼생활로 예수님과 교회의 거룩한 연합을 보여줌
재물	세상의 재물을 버림	세상의 재물을 유익하게 사용
행복	천국에 가서 누릴 행복을 추구	이 땅에서 이미 행복을 누림
훈련	독신과 가난	가정과 절제
자세	예속과 굴종	자유와 순종

성경적인 가정생활이란 온 가족이 하나님을 중심으로
하나님의 말씀, 즉 언약에 순종하며 하나님을 함께 누리는 것이다.
하나님은 가정 안에서 특별하게 일하신다.
성령을 통해 구체적으로 일하신다.
따라서 우리는 가정을 통해 하나님을 경외하는 삶을 경험할 수 있다.
가정은 '교회 안의 작은 교회(ecclesiola in ecclesia)'인 것이다.

02
FAMILY WORSHIP GUIDE

유대인들은 가정에서 어떻게 신앙을 가르쳤을까?

밥상머리에서 시작되는 신앙교육

유대인들에게 안식일과 절기는 기본적으로 가정 행사였는데, 이를 제대로 알고 있는 사람은 드물다. 이스라엘 민족이 이집트에서 탈출한 일을 기념하는 유대교의 유월절도 사실 국가적이고 성전을 중심으로 행하는 절기가 아니다. 조용히 각 가정에서 행하는 축제의 날이다.

유월절 첫날 저녁에는 온 가족이 식탁에 함께 모여 앉는다. 어머니가 식탁에 음식을 차리는데, 모두 이집트에서 종으로 살던 때를 기리는 것들이다. 양고추냉이라고 불리는 쓴 나물은 이집트에서의 비참한 노예생활을 상징한다. 사과와 땅콩과 매운 양념과 포도주로 만든 황갈색의 하로셋(charoset)은 이스라엘 백성이 짚 없이 벽돌을 구워야 했던 고된 노역을 의미한다. 이스트를 넣지 않고 구워 만든 과자(matzes, 무교병)는 이집트를 탈출할 때 시간을 지체할 수 없어 서둘러야 했던 상황을 상기시킨다.

온 가족이 식탁에 둘러앉으면 가족 중에서 가장 어린 아이가 큰 목소리로 묻는다. "왜 오늘 저녁 식사는 다른 날과 다른 거예요?" 그러면 아버지는 조상들이 이집트에서 지긋지긋한 노예생활을 한 것과 하나님이 그들을 이집트의 고된 노역에서 놀라운 능력으로 구원해주신 이야기를 들려준다.

　이런 식으로 절기 때마다 하나님이 조상들에게 하신 일을 기억하며 자녀들을 교육하는 것이다. 아버지가 주도하고 온 가족이 함께 참여한다. 이 시간은 자녀들이 살아 계신 하나님을 섬기도록 일깨우고 하나님의 말씀으로 교육하는 기회이기도 하다.

　안식일 또한 가정 행사였다. 오늘날 우리처럼 모든 공동체가 교회에 모여 예배를 드리는 형식으로 진행되지 않았다. 지역마다 성전이 있는 것도 아니었다. 1년에 두 번 예루살렘 성전을 방문해야 하는 것을 제외하고는, 매주 안식일에 가정에서 하나님을 경배하고 교제하는 시간을 가졌다.

　그렇다면 그들은 안식일을 어떻게 준비하며 보냈을까? 금요일 오후가 되면 여자들이 온 집 안을 깨끗이 청소하고 안식일 저녁 식사를 준비한다. 어머니는 포도주와 누런 황금색의 꼬아 만든 2개의 빵을 준비한다. 포도주는 하나님이 우리에게 기쁨이 되신다는 의미이고, 2개의 빵은 안식일을 위해 2배의 만나를 거둔 것을 상징한다. 동시에 하나님이 일용할 양식을 주신다는 것에 감사하는 표다.

　해가 지면 안식일이 시작된다. 어머니는 촛불을 켜 안식일의 시작을 알리고 "브라카!(beracha)"라고 축복의 말을 외친다. 브라카란 식사 전후 감사하는 마음으로 복을 선포하는 유대인의 축도이다. 그리고 손바닥을 눈앞으로 들어 올리면서 촛불 쪽을 향해 편다. 하나님께 받은 모든 것에 감사한다는 의미이다. 이어 하나님의 도우심을 구하는 기도를 한 뒤에 맛있게 식사를 한다.

안식일에 가족이 회당에서 돌아오면 함께 식사를 한다. 회당 예배는 성전이 없어진 바빌론 포로기에 생겼고 지금까지 이어지고 있다. 아버지는 아들을 다음과 같이 축복한다.

"하나님이 너를 에브라임과 므낫세와 같게 하시기를 기도하노라!"

딸에게는 어머니가 축복한다.

"하나님이 너를 사라와 리브가와 레아와 같게 하시기를 원하노라!"

온 가족이 함께 식사를 하면서 아버지는 성경 이야기를 해주고 찬양을 하고 기도한다. 이렇게 이스라엘 백성은 안식일을 하나의 잔칫날같이 보낸다. 안식일은 온 가족이 가정에서 즐거운 시간을 갖도록 부모가 각 가정의 특징을 살려서 준비하고 함께하는 날인 것이다.

경외심부터 가르치라

가정은 하나님을 경외하고 경험하는 연습장 역할을 한다. 부모는 자녀를 하나님께로 인도하고 이끄는 하나님의 손과 같다. 부모는 하나님의 권능의 역사와 언약을 자녀들에게 전달해준다. 부모는 자녀들에게 언약의 하나님이 누구이시며, 그분이 역사 속에서 우리에게 어떤 일을 행하셨는지, 우리에게 무엇을 주기 원하시며 우리에게 무엇을 원하시는지를 이야기해주어야 할 큰 책임이 있다.

유대인들의 핵심 신앙고백은 '쉐마 이스라엘'이라고도 불리는 신명기 6장 4-9절 말씀이다. 유대인은 매일 이 신앙고백을 암송해야 했다. 제2차 세계대전 당시 아우슈비츠로 잡혀갔던 수백만 명의 유대인들이 가스실에서 죽어갈 때, 죽음을 앞둔 그 순간에도 '쉐마 이스라엘'을 외었다는 이야기는 유명하다.

> "이스라엘아 들으라 우리 하나님 여호와는 오직 유일한 여호와이시니 너는 마음을 다하고 뜻을 다하고 힘을 다하여 네 하나님 여호와를 사랑하라 오늘 내가 네게 명하는 이 말씀을 너는 마음에 새기고 네 자녀에게 부지런히 가르치며 집에 앉았을 때에든지 길을 갈 때에든지 누워 있을 때에든지 일어날 때에든지 이 말씀을 강론할 것이며 너는 또 그것을 네 손목에 매어 기호를 삼으며 네 미간에 붙여 표로 삼고 또 네 집 문설주와 바깥문에 기록할지니라"(신 6:4-9).

'새기라'라는 말은 히브리어에서 '있다'라는 뜻의 'be'에 가깝다. 영어 성경에는 "to be upon your hearts"(NIV)라고 번역되어 있는데, 곧 "하나님의 말씀을 늘 우리의 마음 위에 두어야 한다"라고 할 수 있다. '마음 위에 두다'가 중국어 성경과 한글 번역을 거치며 '마음에 새기다'로 바뀌었다.

마음에 새긴다는 말의 구체적인 의미는 말씀을 암송해 잊지 않고 기억한다는 뜻이 아닐까? 단순히 머리로만 아는 것을 의미하지 않으며, 지·정·의를 모두 동원해야 한다는 의미이다. 유대인의 지식 개념은 아는 것과 행하는 것의 이원론적 개념이 아니라 일체다.

더구나 과거에는 성경을 개인적으로 소유할 수 없었다. 따라서 암송하는 것이 하나님의 말씀을 마음에 두는 최상의 방법이었다. 유대인은 부모 스스로가 성경을 암송했을 뿐만 아니라 자녀들에게도 성경을 암송하도록 교육했다.

성경은 하나님의 말씀을 자녀들에게 이야기해주라고 명령한다. 시편 34편 11절, "너희 자녀들아 와서 내 말을 들으라 내가 여호와를 경외하는 법을 너희에게 가르치리로다"라는 말씀에서 다윗이 자녀에게 하나님의 말씀을 이야기해주었다는 것을 알 수 있다. 시편 78편 아삽의 시는 이스라엘 백성이 자녀들에게 어떻게 신앙교육을 해야 했는지를 그림처럼 선명하게 보여준다.

"내 백성이여, 내 율법을 들으며 내 입의 말에 귀를 기울일지어다 내가 입을 열어 비유로 말하며 예로부터 감추어졌던 것을 드러내려 하니 이는 우리가 들어서 아는 바요 우리의 조상들이 우리에게 전한 바라 우리가 이를 그들의 자손에게 숨기지 아니하고 여호와의 영예와 그의 능력과 그가 행하신 기이한 사적을 후대에 전하리로다 여호와께서 증거를 야곱에게 세우시며 법도를 이스라엘에게 정하시고 우리 조상들에게 명령하사 그들의 자손에게 알리라 하셨으니 이는 그들로 후대 곧 태어날 자손에게 이를 알게 하고 그들은 일어나 그들의 자손에게 일러서 그들로 그들의 소망을 하나님께 두며 하나님께서 행하신 일을 잊지 아니하고 오직 그의 계명을 지켜서 그들의 조상들 곧 완고하고 패역하여 그들의 마음이 정직하지 못하며 그 심령이 하나님께 충성하지 아니하는 세대와 같이 되지 아니하게 하려 하심이로다"(시 78:1-8).

여호수아 4장을 보면 하나님은 요단강을 건너는 이스라엘 백성에게 강 가운데서 건진 12개의 돌들을 쌓아 무더기를 만들고 자녀들에게 신앙을 교육하는 장소로 활용하게 하셨다.

"여호수아가 요단에서 가져온 그 열두 돌을 길갈에 세우고 이스라엘 자손들에게 말하여 이르되 후일에 너희의 자손들이 그들의 아버지에게 묻기를 이 돌들은 무슨 뜻이니이까 하거든 너희는 너희의 자손들에게 알게 하여 이르기를 이스라엘이 마른 땅을 밟고 이 요단을 건넜음이라 너희의 하나님 여호와께서 요단 물을 너희 앞에서 마르게 하사 너희를 건너게 하신 것이 너희의 하나님 여호와께서 우리 앞에 홍해를 말리시고 우리를 건너게 하심과 같았나니 이는 땅의 모든 백성에게 여호와의 손이 강하신 것을 알게 하며 너희가 너희의 하나님 여호와를 항상 경외하게 하려 하심이라 하라"(수 4:20-24).

결국 부모와 교사가 하나님과 그분이 행하신 일을 다음 세대를 책임질 아이들에게 이야기해주면, 그들이 그 말씀을 마음에 두고 하나님을 경외하게 된다는 뜻이다. 이것이 우리가 자녀들에게 하나님과 그분이 하신 일에 대해 때와 장소를 가리지 않고 부지런히 이야기해야 하는 이유이다.

영성을 낳는 '일관성'

유대인은 아침기도, 점심기도, 그리고 저녁기도 이렇게 하루에 세 번 기도하는 시간을 가졌다. 아침기도는 '쉐마 이스라엘'을 외치거나 전통적으로 사용하는 기도문을 외우기도 한다. 점심기도에는 시편 145편을 외우고, 저녁기도에는 또 다른 시편으로 기도한다.

성경을 읽을 때는 처음부터 순서대로 읽지는 않았고, 식사 후에는 정해진 똑같은 성경 구절을 읽었다. 다윗왕도 개인적으로 하루 세 번 기도한 것으로 보인다.

> "나는 하나님께 부르짖으리니 여호와께서 나를 구원하시리로다 저녁과 아침과 정오에 내가 근심하여 탄식하리니 여호와께서 내 소리를 들으시리로다"(시 55:16-17).

다니엘도 매일 하루 세 번 예루살렘을 향해 기도했다.

"다니엘이 이 조서에 왕의 도장이 찍힌 것을 알고도 자기 집에 돌아가서는 윗방에 올라가 예루살렘으로 향한 창문을 열고 전에 하던 대로 하루 세 번씩 무릎을 꿇고 기도하며 그의 하나님께 감사하였더라"(단 6:10).

예수님도 이 습관을 유지하셨다.

"새벽 아직도 밝기 전에 예수께서 일어나 나가 한적한 곳으로 가사 거기서 기도하시더니"(막 1:35).

"무리를 작별하신 후에 기도하러 산으로 가시니라"(막 6:46).

예수님이 십자가에서 죽어가시며 "아버지 내 영혼을 아버지 손에 부탁하나이다"(눅 23:46)라고 기도하신 시간은 유대인의 점심기도 시간인 정오였다. 바로 그 시간에 성전에서는 정오 제물을 바치고 제사장이 시편 31편 5절, "내가 나의 영을 주의 손에 부탁하나이다"라는 말씀을 큰 소리로 읽는다. 예수님은 점심기도 시간에 읽는 말씀인 시편 31편 5절을 인용하신 것이다.

오순절 성령 강림 이후 초대교회 때도 예수님의 제자들은 하루 세 번 기도하는 습관을 그대로 지킨 것 같다. 사도행전을 보면, 제자들은 아침기도 시간을 지키기 위해 성전으로 들어갔다.

"때가 제삼시니 너희 생각과 같이 이 사람들이 취한 것이 아니라"
(행 2:15).

베드로와 요한도 저녁기도 시간에 예루살렘으로 갔다.

"제구시 기도 시간에 베드로와 요한이 성전에 올라갈새"(행 3:1).

영적인 삶을 규칙적으로, 일관성 있게 꾸려나가는 것은 매우 중요하다. 물론 하나님과의 관계를 어떤 틀에 반드시 맞출 필요는 없다. 때로 임기응변과 융통성도 필요하다. 그러나 질서는 있어야 한다. 삶이 무질서하면 조화로운 영적 삶을 보장할 수 없다. 규칙적인 일관성이 영적 생활에 힘을 불어넣어준다는 것은 분명하다.

성경은 주일예배를 하루에 몇 번 드려야 하는지, 새벽기도회나 수요예배를 드려야 하는지에 대해서는 구체적으로 알려주지 않는다. 엄밀하게 말해서, 성경은 그에 대해 침묵한다. 단지 각 시대의 교회가 성경의 기본 원리로부터 형식과 모양을 유추해 구체화할 수 있다.

이 같은 교회의 예배나 기도회 등의 형식은 역사 속에서 굳어지거나 변화하면서 기록에 남았다. 그러나 가정예배는 그렇지 않다. 습관이나 구전으로 전해지는 경우가 대부분이다. 따라서 그 유익이 어떠했고, 어떤 결과를 낳았는지는 정확히 알 수 없다. 하지만 가정예배가 꾸준히 전통을 통해 전수되었다는 사실만큼은 분명하다.

03　FAMILY WORSHIP GUIDE

역사 속 가정예배는 어떤 모습이었을까?

모이기를 힘쓴 구약 시대와 초대교회

구약 성경에는 가정예배에 대한 직접적인 언급이 없는 것 같다. 그렇다고 가정예배가 없었다고 결론을 내릴 수는 없다. 잘 살펴보면 가족 개개인이 하나님께 예배를 드렸을 뿐만 아니라 가족 전체가 함께 예배드리는 모습이 곳곳에서 발견된다.

가인과 아벨은 하나님께 예배를 드렸고(창 4:3-4 참조), 셋은 아들을 낳고 에노스라 부르고 여호와의 이름을 불렀다(창 4:26). 노아는 여호와를 위해 단을 쌓았고(창 8:20), 아브라함도 마찬가지였다(창 12:7, 26:25). 야곱도 가정예배(창 35:2)를 드리며 가족 구성원 전부가 이방 신상을 버리고 회개하는 기회를 가졌다. 그는 험난한 광야에서도 예배를 드렸다(창 35:7).

이스라엘이 하나님의 언약 백성이 되면서 민족적 단위로 지키게 된 절기인 유월절은 가장 주목할 만한 가정예배의 한 형태이다. 온 가족이 함께 모여 먹고 마시며 하나님의 구원을 기념했다.

여호수아는 온 백성이 다른 신들을 섬기더라도 자기와 자기 가족은 하나님만을 섬기겠다고 선언했다(수 24:15). 다윗왕도 온 백성과 함께 예배를 드린 후 백성을 축복하고 자기 가족을 축복했다(삼하 6:18-20).

신약성경에서도 가정예배의 모습을 찾아볼 수 있다. 고넬료는 가족의 구원을 위해 베드로를 초대했고, 온 가족이 함께 말씀을 듣고 복음을 받아들이고 세례를 받았다(행 10장). 브리스가와 아굴라 가정도 가정예배를 드렸다(롬 16:5).

초대교회 성도들은 매일 하루 세 번, 즉 9시, 12시, 15시에 기도한 유대인들처럼 일정한 시간에 기도한 것으로 알려져 있다.[1] 초대교회를 연구한 한 학자는 이렇게 말한다.

> 그들은 빈둥거리거나, 저속한 오락이나 쓸데없는 이야기를 하거나, 이교도들의 불경스런 노래를 부르면서 한가하게 시간을 보내는 대신 이성적이며 유익한 활동을 즐기면서 몸과 마음을 재충전하는 시간을 가졌습니다. 그들은 자신의 신앙 지식을 넓히고 하나님을 찬양하는 가운데 기쁨을 누렸습니다. 이러한 일은 개인적으로 기분을 전환하는 방편이자 가족끼리 즐기는 일종의 레크리에이션이었습니다. 그리하여 심신이 재충전된 그들은 새로운 열정을 품고 각자의 일터로 돌아갔습니다.[2]

격변하는 종교개혁 이후 장로교회

장로교의 대표적인 신앙고백문인 "웨스트민스터 신앙고백" 제21장 "종교적 예배와 안식일에 관하여"에는 가정예배에 대한 언급이 나온다.

오늘날 복음시대에 있어서는 기도나 그 밖에 종교적 예배의 어떤 부분이든지 그 예배가 시행되는 방향이나 장소에 매이지 않고, 그것으로 인해 더 잘 받아들여지는 것은 아니다. 도리어 어디서든지 영과 진리로 하나님께 예배해야 한다. 곧 각 가정에서 매일이든지, 혼자서 은밀한 곳에서이든지, 엄숙히 예배하고, 혹 공식 집회에서는 더욱더 엄숙히 예배해야 하는데, 하나님께서 그의 말씀이나 섭리에 의해 공식집회로 부르실 때, 부주의하게, 또는 경솔하게 소홀히 여기거나 저버려서는 안 된다.

장로교회는 일찍이 매일 가정에서 예배를 드리는 전통을 가지고 있었다. 장로교회의 예배 지침 제8장 "기도회"라는 항목에 가정예배가 더 구체적으로 등장한다. 그 내용은 다음과 같다.

가정기도회는 신자의 제1차적인 의무인 바 가정마다 행할 것이니 매일 성경을 보며, 기도하며, 찬송함으로 행할 것이다.[3]

가정기도회는 가정예배를 일컬으며, 이를 매일 행해야 할 성도의 필수적인 요소라고 선언한다.

종교개혁 시대에는 마르틴 루터를 중심으로 가정예배가 시작되었고, 이러한 경향은 종교개혁이 만연했던 독일, 스칸디나비아 지역과 스위스, 프랑스, 그리고 네덜란드에까지 영향을 미쳤다. 스코틀랜드에 가정예배가 활성화되었다는 것은 스코틀랜드 장로교회 총회가 "웨스트민스터 신앙고백과 대·소요리문답"을 받아들이기 전인 1647년에 "가정예배 규칙서"를 발간한 데서 찾을 수 있다.

> 가족의 통상적인 의무는 한자리에 모여 가정예배를 드리는 것이다. 예배할 때 먼저 기도하고 찬송하며 교회와 국가와 가족을 위하여 간구한다. 그다음에는 성경을 읽고 기독교 교리와 성경을 좀 더 잘 이해하기 위하여 문답식 공부를 한다. 또한 온 가족의 신앙 성장을 위하여 다 함께 대화를 나누며 가장은 가족 중에서 권면할 자를 권면하고 훈계해야 할 자를 훈계한다. 가장은 예배에 불참하는 식구가 없도록 감독하며 예배 순서를 인도할 책임과 권한이 있다. 그리고 목사는 가정예배를 드리도록 나태한 신자들을 지도하고 나약한 교인들을 훈련시켜야 한다. …우리는 무신론자들과 경건치 못한 자들의 조롱에도 불구하고 생업이나 그 외의 사유 때문에 가정예배를 뒤로 미루지 말고 성실하게 드려야 한다.

아울러 스코틀랜드 장로교회 총회는 1696년에 다음과 같은 심방 규정도 만들었다.

> 장로들은 각자 맡은 구역의 가정들을 심방합니까? 그들은 자기 구역 식구들이 가정예배를 드리는지 유의하고 있습니까? 목사들은 온 가족이 함께 예배드리는 가정에서는 기도와 찬송과 성경 읽기를 하고 있는지 질문한다.

당시 스코틀랜드 장로교회에서는 장로가 심방을 할 때 중요하게 확인하는 사항이 가정예배의 실시 유무였다. 이는 가정예배를 신앙생활의 척도로 삼았다는 사실을 보여준다. 그래서인지 당시 스코틀랜드에서는 시골 농부의 가정에서도 가정예배를 드리고 시편 찬송을 부르며 일하는 모습을 찾을 수 있을 정도로 경건하고 아름다운 전통이 발견된다. 미국으로 건너간 스코틀랜드 이민자들은 그 전통을 고수했다.

그러나 제2차 신앙부흥운동을 거치면서 가정예배가 쇠퇴하기 시작했다. 신앙부흥운동의 결과 시작된 주일학교운동이 가정예배를 밀어내는 결과를 낳은 것이다.

본래 교회학교는 길거리를 떠도는 불신자의 자녀들에게 복음을 전하기 위해 생겨났다. 이것이 주일에 열리면서 '주일학교(sunday school)'라고 부르게 된 것이다. 불신자의 자녀들이 오는 주일학교에는 신자들의 자녀들도 오게 되었는데, 나중에는 불신자보다 신자의 자녀들의 수가 더 많아졌고, 이내 그들을 위한 교육을 교회에서 실시하게 되었다. 신자인 부모가 가정예배를 드리면서 신앙교육을 하던 것을 멈추고 주일학교에 신앙교육을 맡기는 경향이 생겨난 것이다.

산업화와 함께 부모는 일하기 위해 집 밖으로 떠밀리고 가정에서 하던 일들을 하나둘 포기하면서 자녀들의 신앙교육도 자연스럽게 등한히 하게 되었다. 결과적으로 복음주의 부흥운동은 성도가 자녀들을 신앙교육하는 데 부정적인 영향을 준 셈이다.

하루에 세 번 예배하는 네덜란드 개혁교회

가정예배의 또 다른 전통이 있다. 그것은 네덜란드 개혁교회 안에 꽃핀 칼빈주의 전통이다. 필자가 7년간의 유학 시절 동안 경험한 네덜란드 개혁교회의 가정예배는 개인의 신앙과 교회의 신앙을 유지하는 튼튼한 버팀목 역할을 하고 있었다.

하루에 아침·점심·저녁 세 번 드리는 가정예배는 지루하지 않고 실제적이며, 자녀들에게 신앙을 전수하고 부모 자신의 신앙을 굳건히 하는 중요한 역할을 한다. 가정에서 하루 세 번 예배를 드리는 전통은 프랑스 개혁교회와 연관이 있는 것으로 보인다. 미국에 이민한 프랑스 개혁교회 성도들에게서 이와 같은 모습을 찾아볼 수 있기 때문이다.

청교도가 식사 전에 가정예배를 드렸다면, 프랑스(위그노)와 네덜란드 개혁교회는 식사 후에 드린다는 점이 다르다. 앞서 여는 글에서 설명했듯이, 가족이 모두 모이면 아버지가 식사 기도를 하고, 식사를 마치고 나면 간단하게 식탁을 정리하고, 아버지가 성경을 읽는다. 성경 말씀을 잘 들었는지 확인하기 위해 아버지는 자녀들에게 몇 가지 질문을 한다. 질문과 대답이 끝나고 나면 찬송을 한두 곡 부른 뒤, 마지막으로 가족에 관련된 구체적인 기도를 드리는 것으로 가정예배는 마무리된다. 네덜란드에서 미국과 캐나다, 호주, 뉴질랜드, 남아프리카로 이민을 간 많은 사람이 이민 간 나라에서 개혁신앙을 보존하며 모국에서 드리던 습관인 가정예배를 지금까지 유지하고 있다.

그 배경에는 언약신앙이 있었다. 하나님은 순종하는 자에게는 복을 약속하셨고, 불순종하는 자에게는 진노를 선포하셨다. 이 언약신앙에 따라 부모는 자녀들에게 신앙을 전수하기 위해 노력했다. 자녀들이 어릴 때부터 하나님의 말씀에 순종하도록 교육해야 그들 또한 그 언약을 자신의 것으로 만들 수 있다고 믿었기 때문이다.

현대에 와서는 점점 가정예배를 드리는 횟수가 줄어들고 더 이상 가정예배를 드리지 않는 가정이 많아지고 있다. 교회에서도 가정예배를 더 이상 강조하지 않는다. 교회에 세속적인 바람이 불면서 가정예배가 쇠퇴하기 시작한 것이다. 교회가 쇠퇴하기 전 언제나 가정예배의 쇠퇴가 앞섰던 것을 볼 수 있다.

가정예배의 회복은 교회의 회복으로 이어지고, 교회의 회복은 나라 전체의 융성으로 이어진다는 사실에 주목할 필요가 있다. 이러한 현상을 미루어 교회의 미래를 판단할 수 있다. 가정예배는 성도들의 영적인 상태와 교회의 건강성을 확인할 수 있는 잣대로 사용될 수 있을 정도로 중요하다.

시작부터 독특했던 한국 개신교회

한국 개신교회는 다른 나라와 달리 독특하게 성장했다. 가정예배를 소홀히 하면서도 교회가 성장했기 때문이다. 현재 한국 교회는 가정예배를 강조하지 않고 있는데, 이로써 한국 개신교의 영적 상태를 진단할 수 있을까? 물론이다.

　오늘날은 한국 교회의 성장이 멈춘 지 오래이고 그리스도인의 삶이 세상 사람들과 별다르지 않다고 손가락질을 받고 있다. 여기저기서 한국 개신교의 질적 성장이 필요하다고 외치고 있다. 어디에서부터 이 일을 시작해야 하는가? 먼저, 언약의 자녀들을 신앙으로 교육하는 데서 출발해야 한다. 언약의 자녀들이 한국 교회의 미래이기 때문이다.

　그러면 자녀들을 어떻게, 어디에서 교육할 것인가? 가정에서 시작해야 한다. 가정예배가 되살아나야 한다. 자녀들이 신앙으로 훈련되기 위해서는 매일 하나님 앞에 서는 가정예배가 유일한 대안이다.

가정예배의 회복은 교회의 회복으로 이어지고,
교회의 회복은 나라 전체의 융성으로
이어진다는 사실에 주목할 필요가 있다.
이러한 현상을 미루어 교회의 미래를 판단할 수 있다.

04
FAMILY WORSHIP GUIDE

한국 교회는 왜 지금, 가정예배가 꼭 필요할까?

- 가나안 땅에 들어간 이스라엘과 같은 한국 교회

한국 교회는 벌써 20년 넘게 성장이 멈추었고, 오히려 점차 감소 추세에 진입한 지 오래다. 이 문제를 해결할 뚜렷한 해결책이 없다. 속수무책이고 현상 유지에만 급급한 것이 현실이다. 오히려 성장하는 교회는 특이한 경우이고, 감소하는 교회가 정상이며, 현상 유지만 해도 "아주 잘하고 있다"고 칭찬해주어야 하는 형편이다. 마냥 목회자에게만 책임을 떠넘길 수 없는 것은 해방 후 교회 건물만 지으면 사람들이 몰려들던 시대와 지금은 전혀 다르기 때문이다.

무엇인가 근본적인 원인에 대한 대책이 필요하다. 한국 교회가 살아나기 위해서는 교회에서부터가 아니라 가정에서부터 시작해야 한다. 지금까지 한국 교회는 가정을 동력화(mobilization)하는 데 전혀 관심을 기울이지 않았다. 교회가 가정의 역할을 대치할 수 있다고 생각했다. 그러나 수많은 교회 모임이 도리어 가정 중심의 삶을 방해하거나 약화시키고 말았다. 물론 한국 사회 전체가 그런 분위기였던 것도 사실이다.

사실 한국 교회가 맞이한 위기는 예외적 상황이 아니다. 이런 위기는 성경 역사에서도 발견된다. 출애굽한 이스라엘 백성이 가나안 땅에 들어간 후 당대와 다음 세대에서 성도의 신앙적 퇴행이 나타났다.

다른 이름의 빈곤

이스라엘 백성은 하나님의 사랑과 긍휼 가운데 택하심을 입은 언약 백성이다. 출애굽 후 광야 시내산 아래서 언약을 맺고 하나님의 백성으로 살았다. 40년의 광야 생활 후 약속의 땅 가나안에 들어간 그들은 젖과 꿀이 흐르는 땅에서 물질과 영적 복을 마음껏 영위할 수 있게 되었다. 그런데 가나안 땅에서의 삶에 대해 기록하고 있는 사사기는 아름다운 이야기는커녕 영적 어둠으로 가득하다. 사사기의 내용을 가장 잘 요약한 구절이 사사기 2장 10절이다.

"그 세대의 사람도 다 그 조상들에게로 돌아갔고 그 후에 일어난 다른 세대는 여호와를 알지 못하며 여호와께서 이스라엘을 위하여 행하신 일도 알지 못하였더라"(삿 2:10).

'그 후에 일어난 다른 세대'에 영적인 어둠이 찾아왔다. 어떻게 이런 일이 가능했을까? 그러면 그 전 세대는 어떠했을까?

"백성이 여호수아가 사는 날 동안과 여호수아 뒤에 생존한 장로들 곧 여호와께서 이스라엘을 위하여 행하신 모든 큰 일을 본 자들이 사는 날 동안에 여호와를 섬겼더라"(삿 2:7).

가데스바네아에서 10명의 정탐꾼들의 보고를 듣고 불신앙으로 하나님을 대적했던 20세 이상의 무리는 모두 광야에서 죽었고, 광야 생활을 경험한 20세 이하의 백성과 그들 사이에 태어난 후세대만이 가나안 땅에 들어갔다. '여호수아 뒤에 생존한 장로들 곧 여호와께서 이스라엘을 위하여 행하신 모든 큰 일을 본 자들'은 바로 20세 이전에 출애굽을 경험한 자들일 텐데, 그들 중 가장 나이가 많으면 60세 정도 되었을 것이다. 그 세대가 살아 있는 동안에는 그래도 신앙의 명맥을 유지할 수 있었다.

그들이 죽고 난 후 상황은 급변하고 말았다. 당시를 유추해보자. 60세가 당시 평균 수명이었다고 본다면, 광야생활을 경험한 자들이 모두 죽는 시기는 가나안 정착 20년 후 본격적으로 시작되었을 것이다. 출애굽 1년 후에 출생한 사람은 가나안 땅에 들어갔을 때 40세가 되었다. 그 후 20년이 지나면 60세가 되니, 광야에서 하나님의 모든 큰 일을 본 자들이 죽기 시작했다. 가나안 정착 40년이 되었을 때는 광야를 경험한 자들은 아무도 살아 있지 않았을 것이다.

그때 즈음이었을까? '다른 세대'라고 표현된 다음 세대는 여호와를 알지 못하며 여호와께서 이스라엘을 위해 행하신 일도 알지 못했다. 그들은 가나안의 물적 풍요 가운데 영적 가난을 겪고 있었으니, 어떻게 이런 일이 가능했을까?

사실 이런 일은 성경 역사뿐만 아니라, 교회 역사 가운데서도 볼 수 있다. 서구 교회는 소위 선진국 지위에서 물적 풍요를 누리지만 영적 가난을 경험하고 있다. 번성했던 유럽의 개신교 국가들의 교회는 오늘날 어떻게 되었는가? 영국 교회는 텅텅 비어가고 있다 못해 교회

건물이 박물관, 카페, 심지어 이슬람 사원으로 바뀌고 있다. 독일, 프랑스, 네덜란드도 예외가 아니다. 2007년 미국의 한 목사는 "스무 살 젊은이들의 70-88퍼센트가 1년이 채 안 되어 교회에서 자취를 감춘다"고 한탄했다.

한국 교회에도 마찬가지 현상이 나타나고 있다. 세속화가 얼마나 심각한지, 어디까지가 세속이고 어디까지가 신앙인지 구별하기가 힘들 정도이다. '믿고 확신하면 된다'고 믿는 성도들은 자기도 모르게 적극적 사고방식을 수용했다. "아무 생각 말고 믿고 확신하라"고 가르치는 근본주의적 신앙은 성도들로 하여금 무엇을 믿는지조차 구별할 수 없게 하고 거짓을 붙들고 맹신할 뿐이다.

이런 모습은 자녀 교육에서도 고스란히 드러난다. 자녀들의 세속적 성공을 위해서 그리스도인이 누구보다 더 열심이다. 좀 더 좋은 대학에 가고, 좀 더 나은 자녀로 기르기 위해 시간과 돈과 열정을 쏟아붓는다. 그러면서 신앙교육을 위한 투자에는 인색하다. 학원 갈 시간과 예배 시간이 겹치면 당연히 학원에 가야 한다고 생각하는 사람이 절반을 넘는다고 하니, 기가 막힐 일이다. 신앙교육은 세속교육에 잠식당하고 말았다. 그러니 다음 세대에 영적인 빈곤이 생길 수밖에 없다.

배부른 너희여, 조심하라

하나님은 가나안 땅에 들어가기 전 요단강 동쪽에서 모세와 시내산에서 맺으신 언약을 다시 확인하셨다. 그 내용을 기록한 책이 바로 신명기다. 이스라엘 백성이 가나안 땅에 들어가면 만나게 될 상황에 대해 하나님이 상세하게 말씀해주셨는데, 이 말씀에 근거해 가나안 땅에 들어간 이스라엘 백성이 어떤 삶을 영위했는지 어느 정도 유추할 수 있다.

"네 하나님 여호와께서 네 조상 아브라함과 이삭과 야곱을 향하여 네게 주리라 맹세하신 땅으로 너를 들어가게 하시고 네가 건축하지 아니한 크고 아름다운 성읍을 얻게 하시며 네가 채우지 아니한 아름다운 물건이 가득한 집을 얻게 하시며 네가 파지 아니한 우물을 차지하게 하시며 네가 심지 아니한 포도원과 감람나무를 차지하게 하사 네게 배불리 먹게 하실 때에"(신 6:10-11).

이스라엘 백성은 자신이 건축하지 아니한 크고 아름다운 성읍과 그들이 채우지 아니한 아름다운 물건이 가득한 집에 살게 되었다. 다시 말해, 가나안 민족이 땀 흘려 세운 성을 거저 얻어 사용하게 되었고, 집 안에는 가나안인이 쓰던 온갖 아름다운 물건들이 고스란히 남아 있었다.

또한 이스라엘 백성은 파지 아니한 우물을 얻었다. 고대 중근동에서는 우물이 중요한 생명줄이었다. 물이 귀해 우물이 없으면 사람과 가축이 살 수 없었다. 하지만 우물 하나를 파기 위해서는 엄청난 노동과 돈을 투자해야 했다. 이스라엘은 그런 우물을 공짜로 얻었다.

하나님은 이스라엘에게 심지 아니한 포도원과 감람나무를 차지하게 하시고 배불리 먹게 하셨다. 감람나무는 심은 지 20-30년이 지나야 열매를 거둘 수 있다. 이스라엘 백성은 가나안 땅에 들어가 이 모든 것을 선물로 받았고, 먹거리 걱정을 하지 않게 되었다. 이제 이스라엘은 배가 부르고 부족함이 없었다.

오늘날 대한민국의 상황이 꼭 이와 같다. 6·25전쟁 이후 폐허 더미 위에 세워졌다고는 믿기 힘들 정도로 현재의 대한민국은 아름답고 깨끗한 도시 환경을 자랑한다. 게다가 집집마다 얼마나 많은 물건을 소유하고 있는가? 스마트폰은 필수이고, 컴퓨터가 몇 대씩이나 있는 가정도 있다. 부엌에는 아름다운 접시와 그릇, 잔이 가득하다. 과거에는 왕이나 누릴 수 있었던 것들을 지금은 누구나 가질 수 있는 세상이다.

그뿐인가? 수도꼭지만 틀면 시원한 물과 따뜻한 물이 콸콸 쏟아진다. 당연히 원할 때 언제든지 마실 수 있고 이용할 수 있는 깨끗한 물이 은혜인 줄 알 길이 없다.

오래전 '보릿고개'라는 말이 있을 정도로 먹을 것을 걱정하던 시대가 있었다. 그러나 지금은 먹는 것 때문에 걱정하는 사람은 거의 없다. 오히려 너무 많이 먹어 비만이 문제인 시대이다.

1987년에 무역 흑자를 내기까지 빈곤의 악순환을 겪으며 어려운 시대를 살아온 한국이 지금은 세계가 놀랄 정도로 비약적으로 발전했다. 하나님의 은혜가 아니면 이런 부요는 불가능하다.

하나님은 바로 이런 삶을 살게 될 이스라엘 백성에게 미리 경고하셨다.

"너는 조심하여 너를 애굽 땅 종 되었던 집에서 인도하여 내신 여호와를 잊지 말고 네 하나님 여호와를 경외하며 그를 섬기며 그의 이름으로 맹세할 것이니라 너희는 다른 신들 곧 네 사면에 있는 백성의 신들을 따르지 말라 너희 중에 계신 너희의 하나님 여호와는 질투하시는 하나님이신즉 너희의 하나님 여호와께서 네게 진노하사 너를 지면에서 멸절시키실까 두려워하노라"(신 6:12-15).

하나님은 '조심'하라고 경고하셨다. 그들은 하나님을 두려워해야 했다. 가나안의 신을 따르지 말고 오직 여호와만 경외해야 했다.

그런데 왜 이스라엘 백성은 가나안 땅에서 조심해야 했을까? 하나님은 광야에 있는 이스라엘 백성에게는 조심하라는 경고를 하시지 않았다. 광야 시대와 가나안 시대는 삶의 모양이 다르고 그들이 당면한 상황도 달랐다. 광야 시대의 선조들은 어려운 삶 속에서 하늘로부터 오는 만나와 메추라기를 바라보면서 살아야 했다. 좋으나 궂으나 하나님이 주시는 것에 만족하며 살았다. 그것이 복이었다. 오직 하나님만 바라보며 의지하는 훈련을 하며 살았다.

하나님은 가나안 시대를 사는 백성에게 '조심할 것'을 명령하셨다. 조심하지 않으면 다음 세대가 하나님을 알지 못하고 하나님이 그들을 위해 행하신 일도 알지 못하는 상황이 닥칠 것이기 때문이다.

어느 대학부 학생에게 '아브라함'에 대해 이야기해보라고 했더니, 절반이 대답을 못했다고 한다. 요즈음 주일학교 학생들의 성경 지식은 심각한 수준이다. 학교 교과목 공부와 관련 책들은 많이 읽고 시간과 돈을 투자하지만 성경을 읽는 데는 얼마나 많은 노력과 시간을 할애하고 있는지 모르겠다. 성경 지식도 없고, 교리적 내용도 배워보지 못한 아이들이 나중에 커서 신앙을 유지할 수 있을까? 신앙의 기초가 없으니 이단의 유혹에도 쉽게 넘어가버리고 만다.

설 자리를 잃어가는 신앙교육

신명기 6장에는 하나님의 중요한 명령이 제시되어 있다. 하나님은 이스라엘 백성과 언약을 맺으셨는데, 먼저 하나님이 세우신 직분자 모세를 통해 이스라엘 백성을 가르치도록 하셨다.

> "너는 여기 내 곁에 서 있으라 내가 모든 명령과 규례와 법도를 네게 이르리니 너는 그것을 그들에게 가르쳐서 내가 그들에게 기업으로 주는 땅에서 그들에게 이것을 행하게 하라 하셨나니"(신 5:31).

그래야 이스라엘 백성에게 '복이 있을 것'이다(신 5:33). 언약 백성은 하나님과 언약을 맺었다는 사실 자체만으로 복된 것이 분명하다. 하지만 그 언약의 말씀을 "듣고 삼가 그것을 행"(신 6:3)하지 않으면 약속을 받지 못한다. 언약의 말씀을 지킬 때 젖과 꿀이 흐르는 땅에서 크게 번성할 것이다(신 6:3). 하나님은 '쉐마'를 명령하셨다.

"이스라엘아 들으라 우리 하나님 여호와는 오직 유일한 여호와이시니 너는 마음을 다하고 뜻을 다하고 힘을 다하여 네 하나님 여호와를 사랑하라 오늘 내가 네게 명하는 이 말씀을 너는 마음에 새기고"(신 6:4-6).

가나안 땅에 들어가면 수많은 이방 신을 섬겨서는 안 되고, 오직 유일하신 여호와 하나님만 '마음을 다하고 뜻을 다하고 힘을 다하여' 사랑해야 했다. 이를 위해 부모의 신앙이 얼마나 중요한지 모른다. 자녀들은 부모의 신앙을 주목하기 때문이다. 부모가 믿어야 할 대상은 누구인가? '오직 유일한 여호와'이시다.

가나안 사람은 다신교를 믿었다. 그래서 여러 신을 섬길 수 있었고 여호와 하나님도 많은 신 가운데 하나로 믿었다. 필요에 따라 신을 선택했고, 때로는 여러 신을 동시에 섬겼다. 혼합주의(Syncretism)는 하나님이 가장 싫어하시는 것 중 하나이다. 그래서 언약의 하나님은 "너는 나 외에는 다른 신들을 네게 두지 말라"(출 20:3)라는 명령을 제1계명으로 주셨다.

여호와 하나님만 전심으로 사랑한다는 것은 구체적으로 무엇을 의미할까? 성경은 하나님을 사랑하는 것이 무엇인지를 구체적으로 제시한다.

"오늘 내가 네게 명하는 이 말씀을 너는 마음에 새기고"(신 6:6).

'마음'은 전인격의 자리인데, 여기에 말씀을 새기라는 말은 말씀이 전인격을 지배하도록 하라는 뜻이다. 우리는 마음 상태에 따라 입술로 표현되고 행동으로 나타난다. 따라서 말씀이 우리의 삶을 지배하도록 해야 한다.

그런데 가나안 땅에 들어간 첫 세대가 과연 이 언약의 말씀을 제대로 실천했을까? 그들이 과연 하나님만 사랑했을지 의문이 든다. 그들은 하나님의 말씀을 마음에 새겼을까? 말씀이 전 삶을 지배하도록 했을까?

사사 시대의 영적 상황을 보면 그들은 가나안의 신들을 좇아 혼합주의에 빠졌던 것이 틀림없다. 사사기 전체 내용을 아우르는 말씀인 사사기 2장 11-23절을 보면, 그들은 여호와의 목전에서 바알과 아스다롯을 섬겼다. 이에 하나님이 진노하셨고 그들에게 재앙을 내리셨다.

이런 신앙은 고스란히 후세대인 자녀들에게도 영향을 미칠 수밖에 없다. 하나님은 분명 신명기 6장 7-9절에서 언약의 말씀을 자녀들에게도 가르치라고 명령하셨다.

"네 자녀에게 부지런히 가르치며 집에 앉았을 때에든지 길을 갈 때에든지 누워 있을 때에든지 일어날 때에든지 이 말씀을 강론할 것이며 너는 또 그것을 네 손목에 매어 기호를 삼으며 네 미간에 붙여 표로 삼고 또 네 집 문설주와 바깥 문에 기록할지니라"(신 6:7-9).

먼저 부모가 언약의 말씀을 마음에 새기고 자녀들에게 부지런히 가르쳐야 했다. 안타깝게도 가나안에 안착한 이스라엘 백성의 부모들은 그렇게 하지 않았다. 하나님 사랑은 이웃 사랑으로 나타나는데, 대개 이웃 사랑의 기본은 가장 가까운 자녀들에게서 시작된다. '쉐마' 구절인 신명기 6장 4-9절은 하나님 사랑과 이웃 사랑을 요구한다.

자녀들을 사랑하는 부모는 그들에게 무엇을 가장 주고 싶어 할까? 그 무엇보다 소중하고 중요한 것을 주려고 할 것이다. 부모가 가장 소중하게 여기는 것이 하나님이라면 하나님과 그분의 말씀을 자녀들에게 전해줄 것이다. 혹은 세상의 물질과 명예가 중요하다고 여긴다면 그것을 자녀들에게 부지런히 전수할 것이다. 가나안에 정착한 부모들은 하나님을 최우선으로 여기지 않았기 때문에 자녀들에게 언약의 말씀을 부지런히 가르치지 않았다.

성경은 집에 있든, 여행 중이든, 자고 깰 때에든 언제나 하나님의 말씀을 강론하라고 했다. 어떤 시간과 장소에서도 하나님을 가르치고 강론하는 데 최선을 다하라는 뜻이다. 손목과 미간에 말씀을 붙여 기호와 표로 삼으라고 한 데는 다 의미가 있다. 손목의 말씀은 본인이 직접 읽고, 잊지 않고 삶의 지침으로 삼겠다는 뜻이고, 미간의 말씀은 자신이 하나님을 경배하는 자임을 다른 사람에게 표시하며 공동체의 신앙을 분명히 하는 역할을 한다.

문설주의 말씀은 가족을 위한 것이다. 들어가며 나가며 하나님의 말씀을 기준으로 살겠다는 다짐을 잊지 않겠다는 뜻이다. 바깥 문의 말씀은 지나가는 다른 사람들이 '아, 이 집은 하나님을 믿는 가정이구나'라고 알 수 있게 하려는 표징이다. 믿음 안에서 마을 공동체가 서로서로 말씀을 기억하며 살겠다는 뜻도 담겨 있다.

이런 분명한 하나님의 명령과 경고에도 불구하고 가나안에 정착한 이스라엘 백성은 순종하지 않았다. 대표적인 예가 엘리 제사장과 두 아들이다. 엘리의 자녀들인 홉니와 비느하스는 행실이 나빴다.

"엘리가 매우 늙었더니 그의 아들들이…회막 문에서 수종 드는 여인들과 동침하였음을 듣고"(삼상 2:22).

이들의 나쁜 행실은 "여호와를 알지 못하더라"(삼상 2:12)라는 말씀과 직접적으로 연관이 있다. 사사기 2장 10절, "여호와를 알지 못하며"라는 말씀과 정확하게 일치한다. 그들의 예배 생활은 완전히 무너져 있었다.

"그들이 여호와의 제사를 멸시함이었더라"(삼상 2:17).

엘리의 두 아들은 제사 예법을 어기고 자기들의 마음대로 방자히 행했다(삼상 2:13-16). 엘리는 자녀들의 이런 악행을 듣고는 그들을 불러 그런 행동을 하지 말라고 권면했다(삼상 2:23-25). 그러나 그들이 하나님의 저주를 자초하고 있음을 알면서도 강하게 말리지는 않았다.

"그가 자기의 아들들이 저주를 자청하되 금하지 아니하였음이니라"(삼상 3:13).

겉으로는 아주 인격적으로 대한 것처럼 보일지 모른다. 신앙적 징계도 없었다. 이스라엘의 영적 지도자인 엘리 제사장이 어쩌다 이렇게 된 것일까? 성경은 이 부분에 대해 다음과 같이 정리했다.

"…네 아들들을 나보다 더 중히 여겨 내 백성 이스라엘이 드리는 가장 좋은 것으로 너희들을 살지게 하느냐"(삼상 2:29).

사사 시대의 마지막 사사이자 제사장이었던 엘리가 이처럼 자녀들을 말씀으로 훈계하지도 않고 신앙 훈련도 시키지 않았다면 백성의 삶은 말할 필요도 없을 것이다.

오늘날 한국 교회는 어떠할까? 크게 다를 바 없지 않을까? 한번은 어느 모임에 갔다가 충격적인 말을 들었다. '주일에 학원 안 가기 운동'을 전국적으로 실시하면 어떨지에 대해 논의하고 있었는데, 한 목사가 "그 운동은 성공하기 힘들 것입니다"라고 단정하는 것이었다. 이유를 물으니, "제가 아는 모든 목사님의 자녀들이 100퍼센트 주일에 학원에 갑니다"라고 답했다.

이 말만 들어도 오늘날 다음 세대의 신앙교육과 훈련이 어떤 상태인지 짐작이 된다. 엘리 제사장의 두 아들이 여호와 하나님을 알지 못했던 것처럼, 요즈음 목회자의 자녀들조차 하나님을 알지 못하는 상황이 반복되고 있는 것이다. 그렇다면 성도들의 상황은 더 심각하다고 봐야 하지 않을까?

한 신문에 "크리스천 학부모 절반 주일예배-학원 겹치면 학원 먼저 보내겠다"(양민경, 국민일보, 2016년 4월 28일)라는 제목의 기사가 실렸다. 현재 그리스도인 부모들의 신앙 현실이 어떠한지를 분명하게 보여준다. 특히 소득 수준이 높을수록 학원에 보내겠다고 답한 비율이 71퍼센트까지 치솟았다고 한다. 경제적 부요가 영적인 가난을 낳는다는 말이 짐작이 아니라 사실이라는 것을 드러내준다.

사탄이 성공한 공격 전략

한국 교회를 향한 사탄의 공격은 교묘하고 치밀하다. 사탄의 공격에 그리스도인이 속수무책 당하고 있다는 것은 인정하기 싫지만 사실이다.

성전에 올라가는 노래(시 120-134편) 중 하나인 시편 127편은 성도들이 1년 동안 삶의 현장에서 하나님의 말씀으로 분투하며 살다가 하나님의 은혜를 바라며 예루살렘으로 올라가는 길에서 서로 화답하면서 부른 노래다.

"여호와께서 집을 세우지 아니하시면 세우는 자의 수고가 헛되며
여호와께서 성을 지키지 아니하시면 파수꾼의 깨어 있음이 헛되도

다 너희가 일찍이 일어나고 늦게 누우며 수고의 떡을 먹음이 헛되도다 그러므로 여호와께서 그의 사랑하시는 자에게는 잠을 주시는도다"(시 127:1-2).

일과 돈이 삶의 목적이다

솔로몬은 시편 127편에서 세 번이나 헛된 삶에 대해 지적했다. 솔로몬이 쓴 또 다른 성경인 전도서의 핵심 내용인 "헛되고 헛되며 헛되고 헛되니 모든 것이 헛되도다"(전 1:2)라는 말씀과도 일치한다. 사탄이 성공한 첫 번째 전략은 하나님의 백성이 헛수고하도록 만든 것이다. 아침 일찍 일어나고, 열심히 일하고, 늦게 누울 정도로 부지런하지만 '수고의 떡'만 먹을 뿐이다.

집을 세우는 것에는 아버지의 생업, 어머니의 가정에서의 일, 자녀들의 공부가 속한다. 우리는 대체로 가문 혹은 가정을 일으킨 사람을 훌륭한 조상 혹은 성공한 자손이라고 높인다. 집은 사람이 세우는 것이지, 하나님이 세우신다는 개념 자체가 없다. 그러나 솔로몬은 "여호와께서 집을 세우지 아니하시면 세우는 자의 수고가 헛되며"라고 분명하게 고백했다.

아침 일찍 출근하고, 저녁 늦게 퇴근하며, 휴일도 없이 일하는 것이 일상인 요즘이다. '열심히 일하고 그만큼 대가를 받으면 그만'이라고 생각할지 모르겠다. 하지만 일과 돈 자체가 삶의 목적이라면 심각한 문제이다. 하나님 사랑과 이웃 사랑이 아닌 수고는 헛될 뿐이고 수고의 떡만 먹는 것이다. 자녀들의 공부도 마찬가지다. 이 시대의 아이들은 아침 일찍 일어나고, 저녁 늦게 누우며, 잠도 줄여가며 공부한다. 이 학원에서 저 학원으로 이동하며 몸이 초주검이 된다. 한창 신체와 정신과 영이 성장할 시기에 그들은 수고의 떡을 먹고 있다. 물론 열심히 공부하는 것은 학생의 본분이다. 그러나 하나님 없는 수고는 우상이며 헛될 뿐이다.

"여호와께서 성을 지키지 아니하시면 파수꾼의 깨어 있음이 헛되도다"라는 구절에서 '성'이란 가정보다 더 큰 단위를 의미한다. 한 도시나 나라를 의미할 수도 있다. 수많은 무기를 구매하고 개발한다고 전쟁을 막을 수 있을까? 대한민국은 지구상에서 유일한 분단국가이다. 북한의 침략을 대비해 힘을 기르면 된다고 애를 쓰고 있지만 가장 중요한 한 가지를 놓치고 있다. 그것은 여호와 하나님의 보호하심이다. 수많은 재정을 들여 무기 개발과 전쟁 억제력을 쌓고 있지만 하나님의 보호하심이 없다면 모두 헛수고일 뿐이다.

우리는 시편 127편 솔로몬의 지혜로부터 배워야 한다. 자녀들에게 수고의 떡을 먹일 것이 아니라, "생명의 떡"(요 6:48)을 먹여야 한다. 가정에서 생명의 떡을 부모와 자녀들이 함께 먹는 시간을 가져야 한다.

자녀를 낳는 것보다 안정과 번영이 중요하다

사탄이 두 번째로 성공한 전략은 경건한 하나님의 자녀를 낳지 못하도록 한 것이다. 솔로몬은 이렇게 고백했다.

"보라 자식들은 여호와의 기업이요 태의 열매는 그의 상급이로다 젊은 자의 자식은 장사의 수중의 화살 같으니 이것이 그의 화살통에 가득한 자는 복되도다 그들이 성문에서 그들의 원수와 담판할 때에 수치를 당하지 아니하리로다"(시 127:3-5).

자녀는 '여호와의 기업'이라고 했다. 기업이란 유산, 선물이라는 의미이다. 자녀가 여호와의 유산이자 후세에 물려주는 선물이라는 개념은 언약 백성과 관련 있다. 하나님은 아브라함과 언약을 맺으실 때 '기업'이라는 말을 사용하셨다. '태의 열매는 그의 상급이로다'라는 말도 같은 의미이다. 배 속에 임신한 아이는 하나님의 상급이다. 상급은 많으면 많을수록 좋다.

또 솔로몬은 자녀를 '장사의 수중의 화살'에 비유했다. 고대에는 화살이 주요 전쟁 도구였는데, 가족과 재산과 땅을 지키기 위해 적과 피 흘리는 싸움을 해야 했다. 그때 화살은 적을 무찌르기 위한 아주 좋은 무기였다. 전쟁에 나가는 전사는 화살 통에 화살이 많으면 많을수록 유리하다. 적이 수없이 몰려오는데 화살 통에 화살이 없으면 질 수밖에 없다. 그런 배경에서 자식은 장사의 수중의 화살 같다는 말은 많을수록 좋다는 의미이다.

"내가 내 언약을 나와 너 및 네 대대 후손 사이에 세워서 영원한 언약을 삼고 너와 네 후손의 하나님이 되리라 내가 너와 네 후손에게 네가 거류하는 이 땅 곧 가나안 온 땅을 주어 영원한 기업이 되게 하고 나는 그들의 하나님이 되리라 하나님이 또 아브라함에게 이르시되 그런즉 너는 내 언약을 지키고 네 후손도 대대로 지키라"

(창 17:7-9).

언약은 부모뿐만 아니라 자녀와 그 자녀의 자녀까지 대대손손을 포함한다. 자녀들은 어릴 때는 부모의 보호 아래 있지만 곧 성인이 되어 하나님 앞에 스스로 서서 하나님의 자녀로 살아가며 하나님의 도구로 길러져야 한다. 사탄과의 전쟁에서 싸울 전사이자 좋은 무기로 사용되어야 하는 것이다.

그런데 우리는 이런 솔로몬의 고백과 정반대의 길을 걷고 있지는 않은가? 사탄은 세상의 통치자들과 권세들을 통해 그리스도인을 교묘하게 공격했고 상당한 성공을 거두었다. 그리스도인이 그리스도인답게 살지 못하도록 방해하고 하나님 나라와 교회에 많은 손해를 끼치려고 발악하고 있다.

그런 관점에서 보면 한국 그리스도인들은 사탄과의 싸움에서 밀리고 패배했다. 특별히 자녀 출산의 관점에서 보면 분명해 보인다. 50년 전만 하더라도 인구가 많으면 나라가 가난해진다더니, 이제는 인구가 적으니 나라가 망하게 되었다고 한다. 한국 그리스도인들은 그동안 출산 문제에 있어서 대한민국의 위정자들, 세상 주관자들의 말을 듣고 순종했다. 하나님의 말씀보다 염려와 걱정을 택하고 번영을 추구했다. 그 생각과 행동이 하나님의 생각과 정반대라는 것은 꿈에도 몰랐을 것이다.

요즘 젊은 부부는 자녀를 낳지 않으려 한다. 하나님의 유산에 관심이 없고, 하나님의 선물의 가치를 알려고 하지 않는다. 하나님의 자녀가 하나님의 일에 무관심하고 하나님이 주시는 것을 복으로 여기지 않는 불신앙이 만연하다.

"하나님의 어리석음이 사람보다 지혜롭고 하나님의 약하심이 사람보다 강하니라"(고전 1:25).

저출산이 한국 교회에 미친 영향은 가히 치명적이라 할 수 있다. 교회에는 어린아이가 점점 사라지고 있고 노령화, 고령화되고 있다. 신앙을 이어갈 다음 세대가 점점 줄어들고 있는데 대안이 없다. 교인들의 자녀들은 그 수가 적을 뿐만 아니라, 신앙교육도 제대로 이루어지고 있지 않다. 아이들이 교회를 떠나고 있다.

가정에 자녀들이 없으면 가정예배를 드릴 재미도 나지 않는다. 어머니가 자녀들을 낳고 양육하는 귀한 사역을 해야 하는데, 그보다 사회활동을 더 보람 있고 중요하게 여기는 분위기이다. 무엇이 우선이고, 무엇이 차선인지 분별할 수 있는 눈이 없다.

FAMILY WORSHIP GUIDE

PART. 2
우리 집 가정예배 세우기

가정예배를 방해하는 장애물 제거하기
행복한 가정예배를 위한 땅 다지기
우리 집에 꼭 맞는 가정예배 세우기
가정을 변화시킨 가정예배 사례
가정예배를 위한 20가지 팁

05
FAMILY WORSHIP GUIDE

가정예배를 방해하는
장애물 제거하기

이제 가정예배의 실제적인 부분을 이야기할 차례이다.

중요한 것은 가정예배를 일단 시작하는 것이다. 물론 몇 번 시도했다가 금방 중단하게 되는 경우가 비일비재할 것이다. 계속 예배를 이어가고자 할 때 반드시 맞닥뜨리게 되는 장애물들이 있기 때문이다.

가장 먼저는 지금도 꽉 찬 하루 일정에 가정예배가 들어올 틈이 없어 보인다. 그러나 우리 일상을 자세히 들여다보면 우리의 틈새 시간을 사로잡고 있는 것이 있다. 바로 미디어다. 텔레비전과 더불어 스마트폰을 통한 미디어에 시간이 잠식당해 가정예배를 위한 시간은 없다고 생각하게 되는 것이다.

그런가 하면 가정예배에 대한 경험이 없어서, 혹은 반대로 안 좋은 추억으로 남은 가정예배 경험이 장애물이 되는 경우도 있다. 하지만 오히려 이런 장애물들은 한번 극복하고 나면 우리 집만의 가정예배를 세우는 데 도움이 될 수 있다.

그 외에도 모처럼 시작한 가정예배가 우선순위에서 밀려 작심삼일이 된다거나, 가정예배를 인도할 아버지가 이런저런 이유로 함께하지 못할 때 의지가 꺾여버릴 수도 있다.

그렇다면 어떻게 이 장애물들을 제거하고 가정예배를 잘 세워나갈 수 있을까? 지금부터 하나씩 살펴보도록 하자.

"시간이 진짜 없어요"

– '진짜 시간'을 벌어주는 가정예배

가정예배를 시작하려고 마음먹었을 때 가장 먼저 부딪히게 되는 장애물은 시간이다. 도무지 여유 시간을 내기가 어렵다는 것이다. 아침에 출근 전쟁을 치르고 피곤한 몸으로 퇴근하는 것이 일상인 직장인들에게는 가정예배를 위해 시간을 내는 것이 불가능해 보인다. 자녀들은 하교 후에도 스케줄이 꽉 차 있다. 온 가족이 한자리에 앉아 도란도란 이야기할 수 있는 시간은 겨우 주말에나 가능할까 말까이다. 주말조차도 온 가족을 점령한 스마트폰과 텔레비전 때문에 각자의 세계에 빠져 있을 뿐 모두가 한가한 틈을 찾을 수가 없다.

현실이 이런데 어떻게 시간을 낼 수 있냐고 생각할 수 있지만, 필자의 생각은 반대다. 삶이 바쁘고 피곤할수록 더욱더 가정예배를 드리는 시간을 확보해야 한다. 이것이 가장 중요하고 긴급한 일이다. 생활이 바빠질수록 영적으로 피폐해지기 쉽다. 일부러라도 가족이 함께 모여 하나님과 교제하는 시간을 가질 때 사막의 오아시스처럼 안식과 평안을 경험하게 될 것이다.

적극적으로 가정예배 시간을 확보하라! 물론 이를 위해서는 다른 무엇인가를 포기해야 할지도 모른다. 하지만 그 정도 시도 없이는 결코 좋은 것을 얻을 수 없다.

필자의 주변에도 가정예배를 드리기 위해 포기를 선택한 사람들이 있다. 한 집사님은 가정예배를 위해 회사에서 진급을 포기했다. 가정예배를 드리고자 학원 스케줄을 하나 줄인 학생도 있다. 계모임을 포기한 성도도 있다. 그렇게 더 소중한 것을 위해 덜 소중한 것을 포기하고 하나님께 시간을 드린 삶은 달라질 수밖에 없다. 한 성도는 이렇게 말했다.

"온 가족이 무릎을 맞대고 앉은 순간 우리의 피가 하나라는 것을 느꼈습니다. 두세 사람이 함께하는 곳에 예수님이 함께하겠다고 약속하신 것처럼, 우리는 온 가족이 한마음이 되는 기쁨을 누리며 살고 있습니다."

가정예배를 통해 하나 되는 기쁨을 누린 가정은 숨 가쁘게 돌아가는 현실 속에서도 결코 피곤하지 않다. 그들은 승리하는 삶을 사는 힘을 가정예배를 통해 얻는다.

미디어에 잠식당한 우리 집

- 바라보는 것에는 힘이 있다

텔레비전의 등장은 가정의 모습을 급변하게 만들었다. 커다란 벽걸이 텔레비전과 홈시어터로 거실이 극장으로 변했다. 거실에 앉으면 자동적으로 리모컨을 들고 텔레비전을 켠다. 가족들끼리 식사를 할 때도 텔레비전을 보는 가정이 많다. 뉴스, 드라마, 스포츠 경기, 게다가 홈쇼핑까지 곁들이면 일하고 남는 대부분의 시간을 텔레비전에 갖다 바치고 있다고 해도 과언이 아니다. 텔레비전이 가정생활의 중심이 된 것은 어제오늘의 일이 아니다.

그렇다면 성경은 미디어에 대해 어떻게 말할까? 직설적인 언급은 찾을 수 없지만 답은 있다.

"믿음의 주요 또 온전하게 하시는 이인 예수를 바라보자"(히 12:2).

바라보는 것에는 영적인 힘이 있다. 온 가족이 텔레비전 앞에 모여 '드라마 예배', '홈쇼핑 예배'만 드린다면 과연 그 가정을 이끄는 주인은 누구일까? 성경은 우리가 바라보아야 할 대상이 예수님이라고 분명하게 선언한다. 하나님은 우리가 가정에서 매일 예수님을 바라보기를 기대하신다. 매일 예수님을 바라보지 않고 건강하고 행복한 삶을 살기란 불가능하다. 우리는 이 권면에 응답하고 있는가?

　그렇다면 가정에서 예수님을 바라본다는 것은 구체적으로 무슨 의미일까? 예수님을 바라본다는 말은 예수님과 마주 앉아 대화하며 교제한다는 뜻이다. 가정에서 예수님을 바라볼 수 있는 가장 좋은 방법이 가정예배이다. 이는 하나님의 복을 받는 지름길이다.

　이번 기회에 온 가족이 미디어 금식을 한번 해보면 어떨까? 가정예배를 위한 시간 확보는 물론, 영적인 영향력이라는 유익까지 덤으로 얻을 수 있을 것이다.

"가정예배 경험이 없어요"

– 몰라서 더 풍성해지는 가정예배

 가정예배를 시작해야겠다고 마음먹었지만 도대체 어떻게 해야 할지 몰라 막막할 수 있다. 일단 교회에서 드리는 예배를 떠올리면 설교, 기도, 헌금 등의 순서가 많기 때문에 엄두가 나지 않는다. 그러나 조금만 노력하면 가정예배 순서지나 가정예배와 관련된 책을 구할 수 있다.

 이 경우 흔히 하는 실수가 있는데, 주일 공예배 순서를 똑같이 따라 하는 것이다. 그렇게 되면 아버지는 설교 준비가 부담이다. 자녀들도 "교회에서 드리는 예배를 집에서 또 드린다고?" 하며 거부 반응을 일으킬 수 있다.

 교회에 새벽예배, 수요예배, 금요철야예배 등 많은 예배가 있지만, 엄밀히 말해 예배는 주일 공예배뿐이다. 다른 예배는 기도회 혹은 소그룹 모임일 뿐이며, 가정예배도 마찬가지이다. 그러므로 가정예배는 교회 공예배와 같을 필요가 없다. 전통적으로 장로교회에서는 가정예배를 '가정 기도회'라 불렀다. 가정예배는 가정마다 독특함을 살려 가족이 다 함께 하나님께 나아가 교제하는 즐거운 시간으로 만들어야 한다. 일종의 가족 모임인 셈이다.

 말씀·기도·찬송을 뼈대로 다양한 변주가 가능하다. 설교 없이 성경 본문(몇 절, 혹은 몇 단락, 혹은 1장)을 읽는 것만으로도 충분하고, 자녀들이 어릴 때는 어린이용 이야기 성경을 읽는 것도 도움이 된다. 온 식구가 그날의 묵상 본문을 읽고 각자 깨달은 바를 나누는 방식도 좋다. 한마디로, 말씀을 중심으로 모여 경건의 시간을 갖는 것이다. 자신의 생각이나 어려움 등을 솔직하게 나누는 시간, 하나님 앞에서 가족이 서로 마음을 열고 서로를 위해 하나님께 기도하는 시간이다.

형식에 얽매이지 말고 일단 시작하라. 무경험이 오히려 유리할지 모른다.

가정예배에 대한 안 좋은 추억이 있다면

- 우리 집 가정예배, 내가 다시 쓴다

가정예배는 한 달에 한 번이면 족하다고 생각하는 어느 목사가 자신의 어릴 적 이야기를 들려주었다. 독실한 아버지의 주도로 매일 가정예배가 진행되었는데, 순서가 주일 공예배와 똑같았다. 묵상, 찬송, 성시교독, 기도, 특송, 설교, 찬송, 헌금, 축도 순서로 진행되었다. 어느 것 하나 건너뛰지 않았다.

그날 하고 싶은 이야기로 채워지는 아버지의 즉흥 설교는 늘 길고 지루했다. 성령의 감동(?)이라는 명목으로 비슷한 내용을 반복해서 잔소리하는 수준에 지나지 않았다. 거미가 끝없이 긴 거미줄을 뽑아내는 듯한 비슷한 내용의 기도도 지루했다. 기도를 듣다가 깜빡 졸기도 했다. 그래도 마지막에 "예수님 이름으로 기도합니다"라는 소리가 들리면 정신을 차리고 "아멘!"을 외쳤다. 기도 시간에 졸았다고 아버지에게 벌을 받기도 했다. 그에게는 가정예배가 즐거운 추억이 아니라 고통스런 기억이었다.

거창고등학교 교장으로 은퇴한 전성은 선생도 가정예배에 대한 고통스런 추억이 있다. 그의 부친은 '직업 선택 십계명'을 만들어 학생들에게 가르친 분으로 유명한 전영창 교장으로, 자녀들을 모아놓고 새벽마다 가정예배를 인도했다. 당시 어린아이였던 전 선생에게는 견디기 힘든 고통이었다. 물론 가정예배를 통해 어릴 적부터 하나님을 섬기는 신앙을 물려받기는 했지만 말이다.

또한 삼형제가 모두 목사인 친구가 있다. 그도 어릴 적 장로인 아버지가 새벽마다 삼형제를 깨워 가정예배를 드렸다. 그때는 정말 힘들고 귀찮았지만 돌이켜보면 그 가정예배 덕분에 삼형제가 모두 목사가 된 것 같다며 가정예배의 긍정적인 측면을 인정했다.

이런 가정예배에 대한 부정적 경험이 가정예배를 시작하기 어렵게 만드는 장애물로 작용하기도 한다. 하지만 그런 가정예배조차도 헛되지만은 않다. 부정적인 가정예배 경험도 하나님의 섭리로 합력하여 긍정적 결과를 낼 수 있다. 3명의 형제 목사는 힘들었던 가정예배가 하나님에 대한 경외심과 하나님 중심의 신앙을 훈련하는 역할을 했다고 고백한다. 전성은 전 거창고등학교 교장도 고통스러웠던 가정예배가 지금의 신앙을 형성하는 데 큰 역할을 했다고 회고한다.

필자가 이 책에서 소개하는 가정예배는 교회 예배를 흉내 내거나 자녀들을 억압하는 형태가 아니다. 가정예배는 딱딱한 예배일 필요가 없으며 뜨거운 부흥회 형식일 필요도 없다. 필자가 생각하는 가정예배는 자연스러운 삶이며 일상이다.

이제 가정예배에 대한 부정적 추억은 장롱 깊숙이 넣어두자. 부정적 추억이 긍정적 삶을 지배하지 못하도록 하자. 구더기 무서워 장 못 담그는 사람은 없듯, 가정예배로 인해 발생할지 모르는 염려와 두려움 때문에 가정예배를 드리지 않을 이유는 없다.

가정예배는 그리스도인의 마땅한 도리이며 특권이다. 가정예배 없이 자녀들이 어떻게 신앙의 복지를 누릴 수 있단 말인가? 이 책에 소개된 새로운 차원의 가정예배를 시행해보자. 가정예배를 통해 복되고 아름다운 가정을 창조해가자. 가정예배의 유익은 고스란히 자녀들의 몫이 될 것이다. 자녀들은 긍정적 추억을 쌓게 될 것이고, 더 나아가 그 자녀들의 자녀들은 좋은 전통을 물려준 우리에게 감사할 것이다.

"그놈의 귀차니즘 때문에요"

– 모이는 습관에 더해지는 은혜

가정예배를 드리는 일을 꾸준히 실천한다면 가정 안에서 이를 당연히 해야 할 일로 받아들이는 분위기가 자리 잡을 것이다. 그러면 가족 중 누군가 빠지는 일이 생겨도 건너뛰지 않게 될 것이다. 그런데 습관으로 자리 잡히기 전까지는 누군가 피곤하다고 하면 그날은 가정예배를 생략하는 일이 생긴다. 아버지는 회사 때문에, 어머니는 가사 때문에, 자녀들은 공부 때문에 지친 날 누군가 나서서 적극적으로 가정예배를 드리자는 사람이 없으면 가정예배는 슬그머니 뒷전으로 밀려난다. '귀차니즘'이 원인이다. 한 어머니는 이렇게 고백했다.

"오늘 남편이 일찍 퇴근해서 집에 왔습니다. 온 가족이 아빠와 가정예배를 드릴 수 있는 정말 좋은 기회였습니다. 그런데 제 마음은 가정예배를 드리기보다 좀 쉬고 싶다는 생각이 컸고, 결국 가정예배를 드리지 않았습니다. 피곤해서 그랬던 것 같습니다."

가정예배를 드리기 위해 온 가족이 규칙적으로 한자리에 모이는 것은 쉬운 일이 아니다. 게다가 귀차니즘까지 끼어들면 이겨낼 장사가 없다. 조금만 방심하면 가정예배를 드리지 않을 이유에 설득당하고 만다. 일상이 너무 바쁘면 여유가 없어지고, 그러다 보면 가정예배를 지켜낼 힘이 부족해진다. 이를 극복할 수 있는 방법은 없을까? 다음은 귀차니즘을 이겨낸 한 가정의 이야기이다.

"어제는 주일이라 가정예배를 생략하려고 했습니다. 그런데 큰아이가 가정예배를 드리자고 제안해서 귀차니즘에 빠진 아빠가 어쩔 수 없이 따랐습니다. 야곱이 그의 가족을 데리고 벧엘로 돌아가 제사를 지내는 이야기를 해주는데, 큰아이가 말했습니다. '엄마, 이것도 가정예배지요?'라고요. 아이의 물음에 어찌나 뿌듯했는지 모릅니다."

힘들지만 귀차니즘을 이기고 거룩한 습관을 따라 온 가족이 가정예배를 드리면 반드시 은혜를 누리게 된다. 이 맛에 피곤하고 귀찮더라도 가정예배를 꼭 지키게 된다. 간단하게 모여 기도만 드려도 된다. 중요한 것은 습관이 될 때까지 한자리에 모이는 것이다. 이것이 귀차니즘을 극복하는 가장 좋은 방법이다.

아버지의 빈자리

– 포기하지 않으면 언제나 방법은 있다

가정예배는 아버지가 인도하는 것이 좋다. 아버지는 가정의 제사장이요, 왕이자, 선지자이다. 하지만 오늘날은 가정에서 아버지가 자기 역할을 다하지 못하는 경우가 많은 것 같다. 대부분의 시간을 일하는 데 바쳐야 하는 상황에서 성경적 아버지상을 기대하기란 어렵다. 하지만 그렇다고 바람직한 남편과 아버지의 역할을 포기할 수는 없다.

성경은 아버지에게 가정을 다스리고, 가르치고, 보호하는 섬김의 지도자로 살 것을 요구한다. 하나님은 자녀들의 훈육과 교육을 아버지에게 맡기셨다. 아버지가 가정예배를 인도하면 아버지의 자리와 권위, 역할이 회복된다. 남편과 아버지로서 제 역할을 찾지 못해 고민하는 성도들이 많은데, 그 대책을 몇 가지 찾아보자.

첫째, 직장생활에서 불필요한 시간을 줄인다. 회식 자리를 피하거나 2차로 이어지는 모임에 가지 않는 것이다. 쉽지 않겠지만 불가능한 것도 아니다. 기도하며 시도해보라. 집 밖에서의 일이 줄어들면 가정에서 자녀들과 함께하는 시간이 많아진다. 자연스레 가정예배를 드릴 수 있는 여유가 생긴다.

둘째, 아버지가 주중에 가정예배에 참여하지 못할 경우 주말에는 반드시 다 같이 가정예배를 드린다. 주말에 취미생활이나 자기계발을 하는 경우가 있다. 기억하라. 자녀들에게 아버지가 필요한 시기는 정해져 있다. 그 시기가 지나면 아무리 아버지가 자녀와 친해지고 싶어도 아이가 예전처럼 아버지를 필요로 하지 않는다.

셋째, 아버지가 주중 가정예배 인도를 어머니에게 위임한다는 것을 자녀들 앞에 공포한다. 그렇게 함으로 가정에서 아버지의 위치와 역할이 분명하게 드러나기 때문이다. 위임은 방치나 무관심과는 다르다. 아버지가 자녀들에게 "주중에는 아빠가 가정예배를 인도할 수 없으니, 엄마가 할 거야. 엄마 말씀 잘 들어야 한다"라고 한 번만 일러주어도 가정예배가 갖는 권위가 달라진다. 아버지의 빈자리가 결핍으로 남지 않도록 관심을 가지는 것이 중요하다.

넷째, 문명의 이기를 활용한다. 멀리 출장을 가더라도 스마트폰이나 컴퓨터를 이용해 가족과 연결될 수 있다. 영상으로 가정예배를 인도할 수도 있다. 아니면 가정예배 마지막 순서에 전화나 영상통화로 아버지가 기도를 해도 좋다.

가정예배를 통해 하나 되는 기쁨을 누린 가정은
숨 가쁘게 돌아가는 현실 속에서도 결코 피곤하지 않다.
그들은 승리하는 삶을 사는 힘을 가정예배를 통해 얻는다.

06
FAMILY WORSHIP GUIDE

행복한 가정예배를 위한
땅 다지기

아무런 의논 없이 갑자기 가정예배를 시작하면 아이들의 반발을 살 수 있다. 아무리 좋은 일이라도 일방적인 결정은 긍정적인 반응을 얻기 힘들다. 우선, 가정예배를 위한 가족회의나 자연스런 가족모임을 만들어 이야기를 나누라.

부모로서 가정예배의 필요성을 가족에게 진솔하게 전하라. 자녀들에게 그동안 가정예배를 드리지 못했던 것에 대해 용서를 구할 수도 있다. 부모가 기도하고 분명하게 결단하면 자녀들은 대체로 부모를 지지하고 따를 것이다.

단번에 결정하고 바로 시작하지 않아도 된다. 시간을 두고 마음의 준비를 한 후 시작하는 것도 지혜로운 방법이다. 중요한 것은 온 가족이 함께 가정예배에 대해 의논하고, 생각을 나누고, 공감대를 형성하는 것이다. 중요한 것은 그 과정에 가족 구성원 중 하나라도 소외되는 일이 없도록 해야 한다는 것이다. 심지어 어린아이라도 말이다.

예배는 매일 해야 할까?

– 중요한 건 습관

대전에 있는 한 교회의 초대를 받아 주일 오후 예배에 가정예배에 대해 설교를 하게 되었다. 하루에 한 번 가정예배를 드려야 한다는 내용을 담아 설교를 마친 후 목양실에서 담임목사님과 이야기를 나누었다.

대화를 나누는 도중 담임목사님이 그동안 가정예배는 한 달에 한 번 드리도록 권면하고 있었다고 말하는데 당황스러웠다. 당황해하는 기색을 본 담임목사님은 "안 그래도 일주일에 한 번은 가정예배를 드려야 한다고 권하려던 참이었습니다"라고 덧붙였다. 그래서 필자는 이렇게 말했다. "목사님, 제가 매일 가정예배를 드리도록 권했으니 아마 충격을 받았을 것입니다. 이제 매일은 힘들어도 일주일에 한 번은 할 만하다고 느낄 것입니다. 작전 성공입니다!"

농담 반, 진담 반이었지만 사실 횟수에 대해서는 성경도 정해놓고 있지 않다. 가정마다, 교회마다, 나라마다, 시기마다 다양하다. 어떤 가정은 목욕탕 가듯이 일주일에 한 번 가정예배를 드린다. 어떤 가정은 연중행사처럼 새해에만 드리고, 또 어떤 가정은 생일 때마다 생일잔치를 하듯 가정예배를 드린다.

유대인들은 하루에 다섯 번 혹은 일곱 번 기도하는 시간을 정해 시행했다. 중세 수도원의 기도 시간도 그렇게 진행되었다. 종교개혁 이후 개신교회는 하루 세 번 가정예배를 하도록 정착되었다. 하지만 잉글랜드의 청교도나 스코틀랜드 장로교회는 하루 두 번 가정예배를 드렸다. 공통점은 식사 시간 전후에 가정예배를 드렸다는 것이다. 일상의 리듬에 맞추었다는 점이 눈에 띈다. 하루 세 번 가정예배를 드리든 혹은 하루 한 번 드리든 중요한 것은 습관을 들이는 것이다.

"사람이 떡으로만 살 것이 아니요 하나님의 입으로부터 나오는 모든 말씀으로 살 것이라"(마 4:4).

"갓난아기들같이 순전하고 신령한 젖을 사모하라 이는 그로 말미암아 너희로 구원에 이르도록 자라게 하려 함이라"(벧전 2:2).

개인적으로 가정예배는 매일 한 번 드리는 것이 좋다고 생각한다. 사실 일주일에 한 번이 매일 드리는 것보다 7배나 어려울 수 있다. 물론 주일을 기준으로 습관화하면 불가능한 일은 아니다. 그러니 한 달에 한 번 가정예배를 드리는 것은 매일 드리는 것보다 30배는 힘들 것이라고 말하곤 한다. 이 내용을 참고하되, 핵심은 각 가정의 상황에 맞게 드리는 것이다. 정해진 횟수는 없다.

언제, 얼마나 해야 할까?

– 하루 10분 정해진 시간에

"우리 가정은 식구들의 상황에 맞추느라 가정예배 시간이 자주 바뀌었습니다. 집에 손님이 와서 못 드리고, 아이들과 문제가 있을 때는 하루 넘어가고, 남편이 적극적이지 않아 투정 부리다가 못 드리고, 말씀이 준비가 안 돼 흐지부지 넘어가고, 밥 먹고 숙제하다 시간이 늦어지면 건너뛰곤 했습니다. 결국 우리는 가정예배를 포기하고 말았습니다."

어느 가정의 증언이다. 시간을 고정하지 않으면 이같이 되는 경우가 부지기수다. 가정예배 시간이 매번 바뀐다는 것은 곧 우선순위에서 밀렸다는 뜻이다. 예배를 드리려던 시간에 갑자기 전화가 걸려와 대화가 길어졌다거나, 마침 화장실에 들어간 아이를 기다리다 흐지부지되는 경우이다. 이런 일들에 우선순위를 빼앗기다 보면 종국에는 가정예배를 포기하게 된다.

가정예배를 습관처럼 자연스럽게 드리기 위해서는 일단 정해진 시간을 무조건 지키는 것이 중요하다. 여러 변명거리들을 앞세워 가정예배 시간을 변경하거나 뒤로 미루어서는 안 된다. 시간을 정하고 가정예배를 드린 한 가정의 사례를 살펴보자.

"오늘은 예배를 드리기 위해 만반의 준비를 다 했습니다. 저녁을 먹고 즉시 식탁을 치우고 거기에서 예배를 드렸습니다. 설거지도 하지 않았습니다. 요즘은 무조건 저녁 8시가 되면 다른 일을 멈추고 예배를 드리려고 합니다."

이 정도의 결심으로 시작해야만 가정예배를 꾸준히 드릴 수 있다. 우리 가정은 20년 넘게 가정예배를 드리고 있다. 식사를 하고 바로 가정예배를 드리는데, 하루 세 끼 식사가 끝나면 가정예배를 드렸더니 쉽게 습관이 되었다. 몇 년 전부터는 하루에 한 번 가정예배를 드리고 있다.

신앙의 열정과 예배드리는 시간은 비례할까? 그렇다고 생각해서인지, 어떤 가정은 가정예배를 매일 1시간씩 드린다. 하지만 가정예배는 부흥회처럼 열정을 전부 쏟아내는 식이 아니라, 오랜 기간 짧게라도 지속하는 것이 무엇보다 중요하다.

매일 10-15분 정도가 적당하다. 이보다 길면 시간이 흐를수록 지치기 쉽다. 매일 조금씩 평생의 습관으로 만드는 것이 더 중요하다.

그래서 가정예배를 매일 드리는 가정들은 보통 식사 시간을 이용하는 편이다. 스코틀랜드 교인들은 식사 전에 가정예배를 드리는데, 길게 할 수가 없다. 배도 고프고 음식이 다 식어버리기 때문이다. 네덜란드 교인들은 식사 후에 가정예배를 드리는데, 그래도 10-15분이면 마친다.

언젠가 영국 웨일스에서 전화가 걸려왔다. 10여 년 전 영국 목사와 결혼해 두 자녀의 어머니가 된 교회 대학부 선배였다. 그 가정은 매일 아침 식사 전에 15분 정도 가정예배를 드린다고 했다. 굳이 가정예배라고 부르지도 않고 '식탁 성경 읽기'(Table Reading)라고 했다. 저녁에는 매일 잠자기 전 아이와 1시간 정도 신앙서적을 읽으며 대화하고 기도하는 시간을 가진다고 했다. 영국의 경건한 그리스도인 가정의 대다수가 이런 방식으로 가정에서의 신앙 전통을 이어가고 있다.

성경 고르기

– 모든 지혜와 지식의 보고

가정예배 때 함께 읽을 성경을 추천해달라는 질문을 받을 때가 많다. 성경은 가정마다 부모가 살펴보고 결정하면 되지만, 다음을 참조하기 바란다.

아이가 어릴 경우(0-4세)에는 그림이 많고 글이 적은 어린이 성경을 읽어주면 좋다. 5세가 지나면 글이 많은 이야기 성경을 읽어주라. 필자의 아내가 번역한『두란노 이야기 성경』(두란노키즈, 2009)은 성경 이야기를 잘 묘사하기도 했지만 무엇보다 내용에 깊이가 있고 신학적으로 구속사적 흐름을 잘 설명하고 있다. 어른들이 읽어도 은혜롭다. 그 외에도 시중에 출간된 여러 종류의 좋은 이야기 성경이 있다.

성경은 부모가 직접 읽어주는 것이 좋다. 아이가 스스로 책을 읽을 수 있는 나이가 되어도 부모가 읽어주면 더욱 좋다.

유치원생과 학령기의 아이들이 개역개정 성경을 읽는 것은 어떨까? 보통 어렵다고 생각해 아예 시도도 하지 않는데, 피할 필요는 없다. 어려운 단어가 나오면 설명해주라. 아이의 어휘력이 점점 늘어갈 것이다. 어휘력은 지혜로운 사고를 위해 필수다.

하루에 성경 1장을 읽으면 3-4년이면 성경 전체를 읽게 된다. 잠언을 반복해서 몇 달간 읽을 수도 있다. 잠언은 총 31장이기 때문에

한 달 동안 날짜에 해당하는 장을 읽으며 성경의 지혜를 배울 수 있다. 시편을 읽어나가도 좋다. 여러 종류의 가정예배 참고 서적들을 지혜롭게 활용하기 바란다.

찬송은 즐겁게

– 모든 세대가 하나가 되는 시간

    찬송은 멜로디가 있는 시이다. 성경에는 시가서(욥기, 시편, 잠언, 전도서, 아가)가 있다. 특히 종교개혁 후손들은 시편 가사에 음률을 붙여 예배 찬송으로 불렀다. 제네바 전통의 시편 찬송도 있고 스코틀랜드 전통의 시편 찬송도 있다.

    주로 미국 교회의 영향을 받은 한국 교회는 부흥운동의 결과물로 만들어진 찬송가를 부른다. CCM(Contemporary Christian Music) 가운데 시편을 주제로 만들어진 곡들이 많으니 찾아서 불러보는 것도 좋다.

    노래는 글과는 다른 느낌을 준다. 찬송에도 성경처럼 가사가 있지만, 특별히 감정을 움직인다는 특징이 있다. 찬송은 온 가족을 지성과 감성으로 하나로 묶어주는 역할을 한다. 아이들이 좋아할 만한 찬양도 부르지만, 세대를 이어 내려오는 전통적 찬양도 불러보라. 신앙은 세대를 초월한다. 부모의 신앙 문화가 자녀들에게 자연스럽게 이어지도록 하는 것이 좋다.

    가정예배를 드릴 때는 기본적으로 찬송가 중에서 가족이 즐겨 부르는 곡으로 정하면 좋다. 아버지가 즐겨 부르는 찬송이나 어머니가 좋아하는 찬송이 있을 것이다. 요즈음 아이들은 찬송가를 잘 모르니, 가정예배 때 찬송가를 부르며 배우기를 적극 추천한다.

어떤 찬송을 불러야 할지 결정하기가 어려우면 찬송가 1장부터 차례대로 불러보는 것도 좋다. 혹은 많은 찬송을 부르기보다 일주일 혹은 한 달 동안 한두 곡을 정해서 반복해도 좋다. 복음성가(Gospel Song)를 불러도 좋다. 부모가 CCM을 잘 모르는 경우, 아이들이 즐겨 부르는 곡을 정하고 배우면서 함께 부르는 방법도 괜찮다.

설교는 누가 할까?

– 아버지, 설교자가 아닌 인도자

가정예배를 드리는 아버지의 입장에서 가장 큰 부담은 설교이다. 이 부분이 가정예배에 대한 가장 큰 오해 가운데 하나다. 가정예배 인도자인 아버지는 목사가 아니다. 설교를 할 필요도 없고, 할 수도 없다. 성경 본문을 읽는 것만으로 충분하다. 하나님의 말씀 자체가 온 가족에게 생명의 말씀이기 때문이다.

만약 설교를 하고 싶다면 미리 할 이야기를 적기를 권한다. 그렇지 않으면 자녀들에게 잔소리로 들릴 가능성이 많기 때문이다. 물론 가정예배 때 아버지의 훈계와 교훈이 있을 수 있다. 하지만 매일 가정예배를 지속하기 위해서는 아버지의 훈계조의 설교가 반복되어서는 안 된다. 그러면 가족이 가정예배의 즐거움과 풍요로움을 누리지 못하게 되고, 오로지 율법적 심판과 정죄만 남고 말 것이다.

아버지는 온 가족이 한자리에 모이도록 격려하고 돕는 역할을 하는 것으로 충분하다. 찬송과 말씀과 기도가 있는 가정예배에 온 가족이 함께한다는 것만으로 기쁨이고 행복이다. 설교가 있어야 한다는 부담은 과감하게 떨쳐내라.

교리 문답 활용하기

- 튼튼하고 균형 잡힌 신앙교육을 원한다면

오래전부터 '질문과 답'은 교육의 중요한 방법이었다. 역사적으로 교회교육에는 교리문답(Catechism)이 있었는데, 이는 원래 세례를 받기 전 묻고 답하는 형식으로 신앙을 교육하려는 것이었다. 후에 믿는 자의 자녀들에게 성경의 교리를 가르치기 위해 사용되었다.

개신교에서는 마르틴 루터가 만든 교리문답서(1529년)와 존 칼빈이 제네바에서 만든 교리문답서(1542년), 또 하이델베르크에서 만들어진 교리문답(1563년)이 유명하다. 또한 웨스트민스터 총회가 만든 대·소 요리문답(1647년)도 있다.

중학생 이상의 자녀가 있다면 교리문답서를 가정예배에 활용할 수 있다. 『교리와 함께 하는 365 가정예배』(세움북스, 2015), 『온 가족이 함께하는 3분 예배 - 교리편』(생명의말씀사, 2019) 등을 추천한다.

인도자는 먼저 성경을 읽고 관련 교리를 설명한 내용을 읽으면 된다. 마지막으로 찬송을 부른 후 기도하고 마친다.

한국 교회는 교리에 대해 잘 모르고 교리에 대한 부정적 인식이 있다. 하지만 성경에 기록된 '교훈(doctrina)'이라는 말은 '교리'로 번역해야 옳다. 이미 성경 안에 교리가 들어 있는데 교리가 성경과 관련이 없다고 생각하는 것은 오해이다. 가정예배에서 교리를 배우는 것은 전혀 이상하지 않으며, 오히려 어릴 때부터 기독교 교리를 배우게 되면 튼튼하고 균형 잡힌 신앙을 유지할 수 있다.

편안한 분위기에서 대화의 장으로!

- 가정의 편안함과 예배의 경건함

가정예배를 경건하게 드리려다 자칫 딱딱하고 지루하게 인도하게 될 수 있다. 사실 가정예배는 '가정 기도회' 혹은 '가정 경건회'라는 표현이 더 어울린다. 그러니 가정예배의 분위기는 엄숙함보다는 편안함이 좋다.

물론 온 가족이 하나님 앞에 앉아 말씀을 듣고 찬송하고 기도하는 시간이니, 약간의 진중함은 필요하다. 하지만 가정이라는 특성을 살려 무엇보다 편안해야 한다.

자녀들이 어린 경우에는 가정예배를 드리는 도중에 일어나 돌아다니거나 장난으로 아버지가 읽고 있는 성경책을 뺏어서 던질 수도 있다. 그렇다고 자녀를 무릎 꿇게 한다거나 벌을 주는 식으로 꼼짝달싹 못하게 할 필요는 없다. 성경을 읽을 때는 바른 자세로 경청하도록 가르칠 수 있지만, 질문하고 대화할 때는 기지개도 켤 수 있고 농담도 던질 수 있는 분위기여야 한다. 부모도 하나님 앞에서 자녀이기에 하나님 앞에서 웃고 즐길 수 있다는 분위기를 만들어주어야 한다.

필자가 한번은 가인과 아벨 이야기를 들려준 후 아들에게 질문을 했다.

아빠: 아담과 하와의 아들은 누구지?

예찬: 가인과 아벨!

아빠: 아들이 또 있는데?

예찬: 셋!

(여기까지는 참 좋았다. 만족해하며 응용 문제를 냈다.)

아빠: 예찬아, 그럼 셋의 형은 누굴까?

예찬: (잠시 고민하다가) 넷?

예찬이의 엉뚱한 답으로 인해 그날 가정예배는 웃음바다가 되었다. 1647년 스코틀랜드 장로교회가 만든 "가정예배 지침서"는 가정예배에서 가족 간의 대화와 토론의 중요성을 강조하고 있다.

"…성경을 읽고 토론의 형식을 통하여 그 말씀을 나눌 때에는 그 읽고 들은 것이 실제적인 유익을 줄 수 있도록 잘 활용해야 할 것이다. 예를 들면 함께 읽은 말씀이 어떤 특정한 죄를 책망하고 있다면 모든 가족들이 그 말씀으로 인해 같은 죄에 빠지지 않도록 주의하고 경계를 받을 수 있도록 할 것이다. …가족 중 누구든지 인도자에게 의문이나 의심에 대한 답을 얻기 위하여 질문할 수 있다."

가정예배 시간에 질문과 답하기를 적극 추천한다. 성경을 읽고 자녀들에게 질문하면 성경을 집중해서 잘 들었는지 알 수 있고, 아이가 이해하지 못한 부분을 다시 정리해줄 수 있다.

마무리 기도하기

– 아이들도 기도하는 예배자로 자란다

마무리 기도는 가족 중 누가 해도 좋다. 한번은 필자의 막내 아이가 "아빠! 예서 기도, 예서 기도!" 하며 마무리 기도를 자기가 하겠다고 보챘다. 가족을 위한 기도 제목이 많을 때를 제외하고는 아이들에게 기도할 기회를 주었다. 아이는 어눌한 발음으로 "하~~님! 오느을 마트~가고… 바케 자전어 타고… 밥 머고… 감사합니다. 예수임 이음으오 기도하니다. 아멘!" 하며 떠듬떠듬 기도를 했다.

한 어머니는 아이들의 기도에 대해 이렇게 고백했다.

"아이들의 중보기도를 들어보면 부모인 저보다 낫습니다. 연약한 친구를 위해 기도하면서 하나님께 응답해달라고 조르듯이 생떼를 쓴다거나 미사여구 없이 솔직한 기도를 잘합니다."

아이는 자라면서 가정예배에 참여하는 수준이 점점 좋아진다. 가정예배를 드리면서 가족 간에 재미있는 사건과 행복한 이야기가 만들어지고 추억도 쌓인다. 이것은 곧 가정의 문화가 된다.

아버지는 온 가족이 한자리에 모이도록
격려하고 돕는 역할을 하는 것으로 충분하다.
찬송과 말씀과 기도가 있는 가정예배에
온 가족이 함께한다는 것만으로 기쁨이고 행복이다.
설교가 있어야 한다는 부담은 과감하게 떨쳐내라.

07
FAMILY WORSHIP GUIDE

우리 집에 꼭 맞는
가정예배 세우기

어린아이와 가정예배(7세 이하)

– 경건의 훈련을 위한 시간

어린아이와 가정예배를 드리는 것이 과연 가능하냐고 묻는 사람들이 있다. 사실 아이들은 가만히 앉아 있는 것조차 훈련이 안 되어 있기에 가정예배를 드리기가 어려운 것이 사실이다. 필자도 그 과정을 다 경험했다.

우리 가정은 평소에 아이가 얌전히 앉아 경청하는 훈련을 시켰다. 습관은 하루 이틀 만에 만들어지지 않는다. 예배 습관이 몸에 밸 때까지 인내하며 지속적으로 반복하면, 힘든 훈련 기간을 지나 반드시 열매를 얻게 된다.

필자의 아이들도 모두 오랜 훈련 기간을 거쳤다. 특히 막내 아이는 평소에도 산만한 편이라 가정예배 때 손으로 장난을 잘 치곤 했다. 아이를 어떻게 훈련시킬까 고민하다가, 가정예배 시간에는 팔짱을 끼고 있게 했다. 아이는 의외로 팔짱 끼는 것을 재미있어했다. 그 상태로 5분, 그다음엔 10분 등 시간을 늘려가며 집중하는 훈련을 시켰다. 지금은 가정예배 시간 내내 집중을 잘하는 편이다.

훈련할 때는 아이가 실수하더라도 공포감을 조성하지 말고 차분히 반복해서 설명해주는 단계가 필요하다. 하지만 아이가 의도적으로 가정예배 자체를 거부하거나 방해하고 산만한 태도를 보인다면 단호하게 조치를 취해야 한다. 그리고 훈련 도중 아이가 조금이라도 좋아지는 모습이 보이면 칭찬으로 격려한다. 성경은 훈련에 대해 분명하게 말한다.

> "경건에 이르도록 네 자신을 연단하라 육체의 연단은 약간의 유익이 있으나 경건은 범사에 유익하니"(딤전 4:7-8).

우리 가정은 가정예배 후 맛있는 간식을 먹는다. 건강식을 준비하되 아이들이 좋아할 만한 음식을 준비한다. 아이들은 가정예배를 잘 드려서 상으로 맛있는 간식을 먹게 되면 스스로 뿌듯해하고 자연스럽게 다음 가정예배를 기대하는 마음을 갖게 된다. 이런 적응 과정을 거쳐 가정예배에 점점 익숙해지면 나중에 아이들이 가정예배 지킴이 역할을 하기도 한다. 부모가 피곤하거나 번거로워 가정예배를 쉬고 싶을 때도 아이가 가정예배를 드리자며 성경을 찾아 들고 온다.

초등학생 자녀와 가정예배(8-13세)

- 믿음도 지식도 자라나는 시간

초등학생 자녀들은 부모가 생각과 판단을 존중해주어야 한다. 가정예배를 시작하기 전에 아이들과 가정예배의 필요성에 대해 충분히 이야기해 자발적인 참석을 이끌어내는 것이 좋다. 어떤 공부보다 성경공부가 우선되어야 한다고 말해주라. 그 후 가정예배를 언제, 어떻게 드릴지 함께 결정한다. 초등학생 자녀들은 부모와 함께 성경을 읽고 공부할 때 무척 행복해한다. 가족이 함께 성경을 읽고 배울 때 그 가정에 성령의 거룩한 전선이 형성되는 느낌을 경험할 수 있다.

성경에 대한 기초 지식이 어느 정도 쌓인 후에는 교리를 배울 수 있는 교재를 활용하는 것도 좋다. 추천하고 싶은 책은 『어린이를 위한 요리문답』(고려서원, 2019)이다. 미국정통장로교회에서 초등학생들을 위해 만든 책이다. 웨스트민스터 소요리문답 입문 단계를 담고 있고 내용이 명료하고 쉬운 말로 되어 있다는 것이 장점이다. 가령, "문: 누가 여러분을 만드셨습니까? 답: 하나님이 만드셨습니다. 문: 하나님은 그 밖의 무엇을 만드셨습니까? 답: 하나님은 모든 것을 만드셨습니다"라는 식이다. 영한대역이라 영어로 암송할 수도 있다.

중·고등학생 자녀와 가정예배(14-19세)

- 신뢰와 믿음을 다져가는 시간

　청소년 자녀와 매일 가정예배를 드린 가정이 있었다. 처음에는 어색하고 부담스러웠지만 점차 이 시간을 기다리게 되었다. 아이들과 묵상 본문을 함께 읽고 각자의 느낌과 깨달은 바를 나누었는데, 평소 부모에게 말을 잘 하지 않던 아이들이 조금씩 자기 이야기를 꺼내기 시작했다. 가정예배 시간이 행복한 가족 대화 시간이 되었다.

　모범생 아들이 고민과 마음의 상처를 부모에게 털어놓았다. 부모는 처음에는 놀랐지만 아들의 이야기를 진심으로 들어주었다. 그날 하나님이 아들의 상처를 만져주셨고, 가족 사이는 더욱 좋아졌다. 그 아들이 군 복무를 하고 있는데 가족이 함께 모여 드렸던 가정예배를 그리워한다고 한다. 아버지는 아들이 군에서 군종병(군대 전도사)이 된 것이 가정예배의 열매라고 자랑스러워한다.

　청소년 자녀와 대화하기가 어렵다는 말을 종종 한다. 일단 공부하느라 바빠서 이야기를 나눌 시간이 없고, 또 공통 관심사가 없어서 이야깃거리도 없다. 그러니 온 가족이 모여도 도란도란 대화가 이루어지지 않는다. 신앙에 관한 주제는 말할 것도 없다.

　그런데 이 시기에 자녀들과 신앙적인 대화를 나누지 못하면 그 후에는 나눌 기회가 영영 없을지도 모른다. 부모와 대화 없이 자란 청소년은 부모의 가치관과 별개로 자랄 것이고, 결국 부모와 점점 멀어지게 되어 있다.

청소년은 호기심도 많고, 고민도 많고, 신앙적인 갈등도 많다. 그러니 이 시기에 가정예배가 꼭 필요하다. 특히 신앙 안에서 자녀들의 고민과 갈등과 궁금증을 풀어주는 시간이 가정예배가 될 수 있다. 또한 이 시간은 말씀으로 자녀들을 다독이고, 격려하고, 훈계하는 시간이기도 하다.

때로는 자녀들이 왕성한 지적 호기심으로 성경에 대해 부모도 모르는 어려운 질문을 할 수도 있다. 부모는 최선을 다해 답해주지만, 모르는 경우에는 겸손하게 인정하고 함께 답을 찾아보면 된다. 자녀들은 자신과 함께 성경을 배우려는 부모의 태도를 보고 부모를 더욱 신뢰하고 존중하게 된다. 가정예배 시간은 자녀들의 신앙을 굳게 다지고 부모와의 관계를 더욱 돈독하게 만드는 복된 시간이다.

조부모와 가정예배

– 할머니가 들려주는 성경 이야기

한 권사님이 필자의 아내가 번역한 『두란노 이야기 성경』의 묘미를 톡톡히 보고 있다며 감사하다는 인사를 건넸다. 손봉호 장로의 추천사를 보고 이 책을 구입해서 재미있게 읽었다고 했다. 그러면서 손자와 손녀가 놀러오면 이야기 성경을 읽어준다고 했다.

이야기 성경책을 사서 선물하는 할머니는 보았지만, 직접 손주에게 읽어주는 분은 처음 봤다. 참 멋졌다. 권사님은 손자와 손녀가 할머니가 읽어주는 성경 이야기를 정말 좋아한다고 자랑했다. 어릴 적 할머니의 옛날이야기를 기억하는 사람이라면 아이들이 느끼는 행복을 짐작할 수 있을 것이다. 자극적인 멀티미디어가 난무하는 세상에서 할아버지와 할머니의 품에서 듣는 성경 이야기는 우리 아이들의 영을 살찌우는 진정한 웰빙(well-being) 교육이다.

여기에 권사님의 비법을 하나 더 푼다면, 그분은 손주들에게 성경 이야기를 읽어주다가 어느 정도 읽고는 책을 덮고 "다음에 할머니 집에 오면 또 읽어주마!" 하신단다. 아이들이 더 읽어달라고 조르지만 원대로 들어주다가는 목도 아프고 버겁기도 하다. 그리고 이렇게 하면 손주들이 할머니 집에 갈 날을 손꼽아 기다리게 하는 효과가 있다. 손주들에게 인기 얻는 법을 기가 막히게 잘 알고 있는 센스 있는 분이다.

어떤 교회에서 설교를 하다가 이 이야기를 했더니 할아버지와 할머니들이 너도나도 손주들에게 성경을 읽어주겠다고 했다. 손주들에게 인기도 얻고, 또 그 방법이 성경 읽기라니 일석이조이다.

할아버지와 할머니가 손자, 손녀를 무릎에 앉히고 이야기 성경을 읽어주는 모습은 상상만 해도 아름다운 풍경이다. 그러다가 할아버지와 할머니의 삶 속에 하나님이 어떻게 함께하셨는지, 신앙 경험을 이어서 들려줄 수도 있다. 이는 자손들의 신앙에 큰 자양분이 될 것이다. 천 대까지 이어지는 신앙의 가문은 이렇게 시작된다.

혹 믿지 않는 조부모가 있다면 손주들이 좋아하는 방법이라고 성경을 권한다면 전도의 효과까지 볼 수 있지 않을까?

1인 가정, 아이 없는 부부, 한부모 가정

– 다양한 모습의 가정예배

오늘날에는 결혼하지 않고 혼자 사는 1인 가정이 크게 늘어나고 있는 추세이다. 이런 경우에는 가정예배를 어떻게 드릴 수 있을까?

혼자 사는 경우에는 개인의 경건시간이 곧 가정예배이다. 혼자 찬송하고, 성경 읽고, 하나님께 기도하는 시간이 가정예배인 것이다. 성도가 하늘에 계신 하나님과 영적인 교제를 갖는 것은 언제나, 어떤 상황에서나 참으로 귀한 일이다.

결혼해 아이가 없는 부부도 가정예배를 드릴 수 있다. 가정은 언약 공동체이다. 하나님 앞에서 언약을 맺고 결혼한 부부는 매일 언약의 말씀을 읽고 기도하는 가정예배를 잊지 말고 드려야 한다. 부부가 잠자리에 들기 전에 성경을 읽고 함께 손을 모아 기도하는 것도 가정예배이다.

노년에 자녀들이 다 떠나 부부만 있는 경우에도 가정예배를 드릴 수 있다. 한번은 미국 아이오와주 네덜란드 이주민 마을인 펠라의 한 가정을 방문한 적이 있다. 그 가정은 자녀들이 모두 결혼해 부부 둘이 살고 있었는데, 부부가 식사를 차려놓고 식사 전 성경을 읽고 기도하는 시간을 매일 가지고 있었다.

한부모 가정도 가정예배를 드릴 수 있다. 아니, 반드시 가정예배를 드려야 한다. 한부모 가정은 매일의 가정예배를 통해 아버지와 어머니 같은 하나님의 따스한 보살핌을 받게 될 것이다.

손님과 함께하는 가정예배

– 가장 귀한 것으로 대접할 수 있는 기회

가정예배를 드리는 시간에 마침 손님이 방문하면 어떻게 할까? 한창 이야기꽃을 피우고 있는데 "이제부터 가정예배를 드리겠습니다!"라고 말하기는 쉽지 않다. 믿지 않는 사람이 방문했을 때는 더 그렇다. 특별한 상황이니 가정예배를 드리지 않아도 될까?

그렇지 않다. 이런저런 이유로 가정예배를 드리지 않으면 득보다 실이 더 크다. 우리 가정은 손님이 방문하면 손님과 같이 예배를 드린다. 손님 두 분과 같이 식사하게 되면 우리 아이들 4명을 포함해 모두 6명, 손님까지 8명이 된다. 손님으로 인해 평소보다 자리가 비좁긴 하지만 분위기는 훨씬 정겹다. 아이들도 손님과 같이 가정예배를 드리면 더 좋아해서 평소보다 말이 많아진다.

가정예배는 하나님 앞에서 모두가 하나임을 경험하게 만든다. 육의 양식을 먹고 영적인 양식까지 먹으니 손님들의 얼굴에는 기쁨이 가득해진다. 우리 집을 방문했다가 가정예배를 경험한 사람들은 이구동성으로 이야기한다.

"우리도 이런 가정예배를 드리고 싶어요!"

특히 신혼부부의 경우 선한 충격을 받아 앞으로 가정을 어떻게 꾸려야 할지 다시 생각하게 하는 계기가 되기도 한다. 그런 의미에서 손님이 방문했을 때 가정예배를 드리는 것은 영적 보물을 소개하고 전염시키는 효과가 있다.

불신자가 방문했을 때에도 양해를 구하고 가정예배를 드리는 것이 좋다. 불신자에게 복음을 전할 수 있는 기회가 되기 때문이다. 믿지 않는 손님이 가정예배에 참석해 복음을 듣고 구원받는 일이 일어난다면 이보다 더 값진 일이 어디 있겠는가? 가정예배는 불신자에 대한 최고의 배려이자 사랑의 표현이 될 수 있다. 이제는 손님이 방문해도 가정예배를 꼭 드려라.

08
FAMILY WORSHIP GUIDE

가정을 변화시킨 가정예배 사례

사례 / 1

우리 가족이 세상을 이기는 힘

결혼 전, 부푼 꿈을 안고 '내 삶을 주님이 주신 비전으로 가득 채우겠노라' 다짐했던 시절이 있었습니다. 그 후로 많은 시간이 흘러 결혼을 하고 세 아이의 엄마가 된 지금, 하나님의 뜻대로 산다는 것은 하루하루의 시간 속에서 조금씩 쌓아나가는 것임을 깨닫습니다. 평범한 하루를 살아내는 것도 버거울 때가 많지만, 그럼에도 믿음으로 고백할 수 있는 것은 지금 이 순간에도 주님의 인도하심을 받고 있다는 것입니다.

여리고성을 돌라는 주님의 명령에 이스라엘 백성은 왜 여리고성을 돌아야 하는지 이해는 할 수 없었지만 믿음으로 주님의 말씀에 순종했습니다. 우리에게 가정예배가 그러했습니다. 왜 불평이 없고 의심이 없었겠습니까? 하지만 오로지 침묵 속에서 성을 돌았던 그들처럼 우리 가정도 주님의 오묘한 섭리를 믿으며 예배를 드리기 시작했습니다.

그런데 예배를 거듭할수록 우리가 드리는 가정예배가 세상을 이길 힘을 준다는 것을 계속해서 깨닫고 있습니다. 주님은 우리 가족 5명이 모이는 이 조촐한 가정예배 가운데 가장 큰 은혜를 주십니다. 어느 정도냐면 주일예배, 수요기도회, 금요철야기도회에서도 경험하지 못했던 큰 감동을 고작 5명이 모인 곳에서 느낀다면 믿으시려나요?

이를 위해서는 날마다 순종하며, 기도하고, 찬양하고, 예배를 드려야 한다는 진실이 때로는 야속하게 다가오기도 합니다. 하지만 이것이 거친 파도가 몰아치는 삶 속에서도 그 자녀를 보호하시기 위해 주님이 주신 '해답'임을 압니다.

오늘도 열심히 하루를 살고 집으로 돌아온 가족들이 한자리에 모여 찬양을 부르고, 말씀을 암송하고, 기도를 하고, 아빠의 축도로 예배를 마칩니다. 저는 오늘을 살아갈 은혜를 이렇게 또 한 번 공급받습니다.

_ 아이디 : 참된 겨자씨네

사례 / 2

가족 구원의 축복을 안겨준 가정예배

신앙이 없는 가정에서 성장한 저는 예수님을 믿고 나서도 가정에서 어떻게 신앙생활을 해야 하는지 알지 못했습니다. 가정예배는 들어본 적도 없는 낯선 단어였습니다.
그러다 우연히 교회에서 열린 '마더와이즈' 세미나에 참석하게 되었는데, 거기서 가정예배를 소개받았습니다. 그때 저는 마음속으로 '아, 우리 집도 가정예배를 드려야겠다' 하고 결심했습니다. 얼마간 기도로 준비한 후 가정예배를 시작하게 되었고, 예배를 드린 지 어느덧 2년이 넘었습니다. 우리는 잠들기 전에 아이들과 기도하는 시간을 갖습니다. 생각 외로 아이들이 참 좋아하는 모습을 보니 이것만으로도 잘된 일이라고 생각했습니다.
그렇게 꾸준히 가정예배를 드리던 어느 날 예상치 못한 변화가 찾아왔습니다. 바로 친정아버지의 구원입니다. 사실 그전까지는 황혼 이혼 이야기가 나올 정도로 친정 부모님은 사이가 좋지 않았습니다. 그러니 이것은 기적이라고밖에 할 수 없습니다. 지난주에 세례까지 받으셨으니까요. 할렐루야!
언젠가 친정아버지가 우리 집을 방문했습니다. 그날 저녁에도 우리는 어김없이 가정예배를 드렸고, 갑자기 다섯 살 먹은 아들이 기도를 하겠다고 나섰습니다. 그러더니 놀랍게도 할아버지를 위해 기도를 시작하는 것이었습니다.

"하나님, 할아버지가 예수님 믿고 구원받게 해주세요!"

고사리 같은 손으로 드린 진실한 기도에 예수님이 응답하셨나 봅니다. 친정아버지는 그 후 손자의 손을 잡고 교회에 출석하기 시작했습니다. 눈으로 보면서도 믿기 힘든 기적이었습니다. 친정어머니도 몸이 아프면서 교회에 발을 들이게 되었고, 지금은 예수님을 구주로 영접하고 세례를 받았습니다.

지난해 명절, 온 가족이 모인 자리에서 아이들이 할아버지에게 세배를 드리려고 하는데 친정아버지가 하나님께 기도부터 드리자고 했습니다. 두 손을 모으고 기도하는 아버지의 모습을 보며 말로 다 할 수 없는 감격을 느꼈습니다. 우리의 작은 믿음으로 드린 가정예배에 더 큰 것으로 보답해주신 주님께 감사드립니다.

_ 권○○ 성도

사례 / 3

아이들에게 물려주는 신앙의 유산

학창 시절을 돌이켜 보면 저녁 시간만 되면 마음이 무거웠습니다. 이유는 가정예배 때문이었습니다. 제게 가정예배는 늘 부담으로 다가왔고, 왜 우리 부모님은 다른 집처럼 평범하게 신앙생활을 하지 않는지 불만이 컸습니다. 살다 보면 한 번쯤은 빼먹을 법도 한데 부모님은 저녁 9시만 되면 어김없이 가정예배를 시작했습니다. 보통은 20분 정도 드렸는데 가끔씩 '필이 꽂히면' 훌쩍 시간을 넘기기도 했습니다.

그러다 군 복무를 위해 집을 떠나야 할 때가 왔는데, 내심 이제 지겨운 가정예배를 드리지 않아도 된다는 생각에 너무나 홀가분했습니다. 하지만 그런 기분은 잠시였고, 막상 군 생활을 시작해 보니 녹록지 않았습니다. 훈련은 고되고 동료 병사들과의 관계도 쉽지 않았습니다. 그때 가족에게서 편지가 한 통 도착했습니다.

"ㅇㅇ야! 우리는 매일 가정예배 때 너의 이름을 부르며 기도하고 있단다. 하나님을 의지하고 매일 승리하기 바란다. 여호와 닛시!"

이 편지를 읽는데 마음 깊은 곳에서 쏟아지는 눈물을 주체할 수 없었습니다. 마음에 큰 위로를 받고 한참을 울고 나자 새로운 힘과

용기가 생기는 것 같았습니다. 마치 하나님이 삼손에게 새로운 힘을 주신 것 같은 느낌이랄까요? 저는 지금도 그때 받은 위로가 군 생활을 버티게 해준 힘이라고 믿습니다.

그렇게 군 생활을 마치고 나니 제 마음은 완전히 달라져 있었습니다. 집에서 드리는 가정예배가 기쁨으로 느껴졌고 매일의 삶을 풍요롭게 하는 보양식처럼 다가왔습니다.

결혼을 한 뒤로는 아내와 가정예배를 시작했고, 지금은 자녀들과 함께 가정예배를 드리고 있습니다. 어릴 때부터 습관화해서 그런지 아이들은 이 시간을 마냥 즐거워합니다. 제가 아이들에게 줄 수 있는 가장 큰 신앙의 유산이 가정예배의 습관이라고 생각합니다.

_ 김○○ 성도

사례 / ㄴ

하나님이 우리 가족과 함께하심을 고백하는 시간

믿음의 가정에서 나고 자란 저는 어릴 때부터 가정예배를 드렸습니다. 그러나 그 시간이 별로 반갑지는 않았습니다. 엄숙한 분위기에서 진행되는 통과의례 같은 시간이었기 때문입니다. 딱딱하고, 부담스럽고, 종종 야단을 맞기도 해서 가정예배에 대한 부정적인 생각까지 가지게 되었습니다. 그래서 어린 마음에 결심한 것이 있습니다.

'나는 커서 즐겁고 유익한 가정예배를 드려야지!'

세월이 지나 결혼을 하고 가정예배를 구상하기 시작했습니다. 신학대학원에 다닐 때 첫째 아이가 태어났는데 그 당시 교리교육에 대한 일종의 붐이 일어났습니다.

'그래! 가정예배 시간을 통해 교리를 재밌게 가르치는 거야!'

아내와 갓 태어난 아기와 함께 가정예배를 드렸습니다. 아니, 일방적으로 교리를 가르치는 시간이었습니다. 한 달이 못 가서 실패했습니다. 가정예배가 중요하고 꼭 드려야 한다는 것은 알았지만 막상 시도해보니 쉽지 않았습니다.
둘째 아이가 태어났습니다. 다시 한 번 마음을 다잡았습니다.

'이제 첫째도 좀 컸고, 둘째도 태어났으니 제대로 가정예배를 드려 보자!'

이번엔 부교역자로 사역하면서 너무 바쁘다는 것이 문제였습니다. 저녁에 집에 돌아오면 피곤해서 빨리 씻고 쉬고 싶은 마음이 굴뚝 같았습니다. 매일 가정예배를 드려야 한다는 부담감만 강박증 수준으로 가득했고 몇 번이나 새로운 마음으로 시도해봤지만 그때뿐이었습니다.

셋째 아이가 태어났습니다. 집에는 이미 각종 가정예배 관련 도서와 자료가 가득했습니다. 그리고 수차례의 실패를 통해 깨달은 것이 있습니다. 그동안 '무엇을', '어떻게'에만 관심이 있었지 '왜'에 대해서는 생각해보지 않았다는 것입니다. 온 가족이 모여서 왜 가정예배를 드려야 하는지부터 함께 고민했습니다. 결론은 '하나님이 우리 가정과 함께하심을 고백하는 시간이 가정예배'라는 것이었습니다.

예배라는 부담을 내려놓기 위해 '가족 모임'이라는 이름으로 모이기 시작했습니다. 어느 날은 수다만 떨다가 기도하고 마치고, 어느 날은 성경을 돌아가며 읽고 마쳤습니다. 이렇게 모이다 보니 자연스럽게 요일별 프로그램이 정해졌습니다. 아이들의 의견을 최대한 반영했습니다.

가정예배는 공예배와 다릅니다. 교육부서 모임도 아닙니다. 세미나도 아닙니다. 잘 짜인 순서, 프로그램으로 진행하기보다 그저 '우리 가족과 함께하시는 하나님'을 고백하는 시간으로 구별하여 드리면 어떨까 생각합니다.

어느 날 가정예배 시간을 통해 입양에 대해 함께 이야기를 나누게 되었습니다. 그 후 1년 넘게 함께 기도했고, 마침내 넷째를 입양했습니다. 우리는 이제 곧 우리 가족이 되는 넷째를 기다리며 매일 저녁 가정예배를 드립니다. 가르치고 배우는 시간이 아닌 하나님이 함께하심을 고백하며 서로의 삶을 나누는 것만으로 은혜가 가득합니다. 우리 가족은 매일의 가정예배를 통해 일상의 신앙을 함께 점검하며 함께 성장하고 있습니다.

_ 변○○ 목사

사례 / 5

우리 가족이 행복한 이유

가정예배는 명절이나 특별한 날, 아니면 예배에 참석 못할 때나 드리는 것인 줄 알았습니다. 교회에서 주는 순서지가 없이는 예배가 불가능한 줄 알았던 우리 가족이 임경근 목사님을 통해 가정예배를 알게 되고 시작한 것이 벌써 15년 전입니다.

처음 가정예배를 드리던 날, 어색하기 짝이 없어 쑥스러운 웃음을 지으며 서로 얼굴만 마주 보았던 기억이 납니다. 그렇게 어색해도 모이다 보니 어느새 예배가 익숙해졌습니다.

우리 집은 매일 아침 식사를 마치고 식탁에 둘러앉아 돌아가면서 성경을 읽습니다. 아이들에게 오늘 본문에서 깨달은 바가 무엇인지 질문하고 싶은 마음이 컸지만, 잔소리와 일장 연설로 넘어갈 가능성이 농후했기에 입을 꾹 닫는 수밖에 없었습니다.

성경 읽기를 마치고 나면 가족들이 돌아가며 오늘도 주님 뜻 안에서 살아갈 수 있게 해달라는 기도로 마쳤습니다. 이 기도를 처음에는 똑같이 따라만 하던 아이들도 점차 자신들만의 언어로 자신과 주위 사람들을 위해 기도하기 시작했습니다.

예배를 마치고 아이들을 차로 학교까지 바래다주는데, 우리는 그 시간도 가정예배의 연장선상으로 여겼습니다. 차에서 조부모님과 통화를 마치고 남는 시간에는 말씀 암송을 하거나 찬송을 따라 불렀습니다. 그리고 아이들이 오늘 하루도 잘 보낼 수 있게 해달라고 축복 기도를 해주면 그것으로 아침 가정예배가 끝납니다.

저녁이 되면 식사를 마치고 다시 한 번 식탁에 둘러앉습니다. 과일을 먹으며 오늘 있었던 일들을 나눕니다. 아침에 읽은 말씀이 오늘 어떻게 힘이 되었는지, 또 어떻게 그 말씀을 적용하며 지냈는지 자유롭게 이야기합니다. 때로는 감사거리, 때로는 실패담을 나누며 서로 격려하고 또 반성합니다. 앞으로는 달라지겠다는 다짐까지도 합니다.

우리 딸이 어릴 때의 일입니다. 갑자기 한밤중에 일어나 한참을 울고 토하기까지 하는 일이 매일 계속되었습니다. 그때 남편이 아이가 잠들기 전 축복 기도를 해주고 나서는 중간에 깨는 일이 없어졌습니다. 이후 남편은 아이들이 잠들기 전에 축복 기도를 해주었습니다.

"오늘 하루도 아이들을 지켜주셔서 감사합니다. 평안히 잘 수 있게 해주시고, 또 피곤이 회복되어 건강하게 하시고, 키와 지혜가 자라게 하시고, 나쁜 꿈 꾸지 않고, 내일 아침에 멋진 모습으로 다시 만나게 해주세요."

오랜 시간 가정예배를 드리며 깨달은 것이 있습니다. 예배라는 형식을 갖추고 그에 따르는 것이 진정한 예배가 아니라 그날 읽은 말씀을 하루 동안 묵상하며 그대로 지키며 살기 위해 애쓰는 모습이 예배의 의미라는 것입니다.

그렇게 자녀들은 성인이 될 때까지 가정예배를 드리며 성장했고, 그 흔한 사춘기의 방황 한 번 없이 근사하게 자라주었습니다. 대학 기숙사에서 떨어져 지내면서도 날마다 전화로 친구처럼 이야기를 나눌 수 있는 것은 이제까지 드렸던 가정예배 덕분이 아닐까 생각합니다.

_ 윤○○ 성도

오랜 시간 가정예배를 드리며 깨달은 것이 있습니다.
예배라는 형식을 갖추고 그에 따르는 것이
진정한 예배가 아니라
그날 읽은 말씀을 하루 동안 묵상하며
그대로 지키며 살기 위해 애쓰는 모습이
예배의 의미라는 것입니다.

가정예배를 위한 20가지 팁

이것만은 꼭 알자고요!

가정예배를 위한 20가지 팁 *tip*

1. 기도로 준비한다.
2. 온 가족이 함께 의논해 결정한다.
3. 시간과 장소를 정한다.
4. 아버지가 인도한다.
5. 남편이 아내의 머리요 가장임을 인정한다.
6. 남편을 격려하고 칭찬하되 아이들 앞에서 비난하거나 정죄하지 않는다.
7. 위임의 방법으로 아내가 인도할 수 있다.
8. 딱딱하고 지루하지 않도록 한다.
9. 짧게 드리는 것을 두려워하지 않는다.
10. 순서와 내용은 자유롭게 하되 말씀·기도·찬송·나눔의 요소가 가능한 포함되게 한다.
11. 가정마다 고유한 특성을 살린다.
12. 공예배 순서를 굳이 고집하지 않는다.
13. 아이가 어릴 때 시작할수록 좋다.
14. 성경을 읽고 아이에게 질문한다.
15. 성경을 삶에 어떻게 적용할 것인가에 대해 토론하며 대화한다.
16. 설교하지 말라. 성경을 그냥 읽고 듣는 것으로도 충분하다.
17. 자녀의 질문에는 친절히 답하되 모르는 것을 부끄러워하지 말고 다음에 준비해서 알려준다.
18. 기도를 길게 하지 않는다.
19. 기도는 구체적이고 실제적이어야 한다.
20. 한 가지 찬양을 반복하는 것도 좋고 몰랐던 찬송가나 CCM을 배우는 방법도 좋다.

①

기도로 준비한다

그리스도인은 영적 전쟁을 하고 있다. 가정예배를 가장 싫어하는 존재는 역시 사탄이다. 사탄은 가정예배를 드리지 못하도록 방해 공작을 펼칠 것이 뻔하다. 남편이 소극적이거나 아이들이 협조를 하지 않기도 한다. 바쁘고 피곤하다 보면 가정예배를 시작했다가도 작심삼일로 끝나기 쉽다. 가정예배를 소개받고 할 마음이 생기면, 먼저 기도로 준비해야 한다. 반드시 성령님의 도우심을 받아야 한다.

②

온 가족이 함께 의논해 결정한다

어느 날 갑자기 가정예배를 시작하면 아이들의 반발을 살 수 있다. 아무리 좋은 일이라도 일방적이면 참여에 수동적일 수밖에 없다. 우선 가정예배를 드리기 위한 가족회의나 자연스런 가족 모임을 만들어 이야기를 나누어보라. 자녀들에게 가정예배의 필요성을 진솔하게 말한다. 그동안 가정예배를 드리지 못한 것을 후회한다며 자녀들에게 용서를 구할 수도 있다. 부모가 분명히 결단하고 기도로 준비하면 자녀들은 대체로 부모를 지지하고 따를 것이다.

단번에 결정하고 바로 시작하지 않아도 된다. 시간을 두고 마음의 준비를 하는 것도 지혜로운 방법이다. 중요한 것은 온 가족이 함께 가정예배에 대해 의논하고, 생각을 나누고, 공감대를 형성하는 것이다. 이런 과정에 가족 구성원 중 하나라도 소외되는 일이 없도록 한다. 심지어 어린아이라도 말이다.

시간과 장소를 정한다

가정예배를 언제, 어디에서 드려야 할까? 온 가족이 다 같이 모일 수 있는 시간을 정하기란 쉽지 않다. 가족이 함께 모여 대화를 통해 가능한 시간을 찾아보라. 평소 가족회의를 하는 가정은 그 시간을 가정예배 시간으로 정할 수 있다. 가족이 함께 모일 수 있는 최고의 시간은 역시 식사 시간이다. 우리 가정은 식사 시간에 가정예배를 겸한다. 어떤 가정은 아침 6시 30분에 온 가족이 일어나 가정예배를 드린다. 저녁 10시에 드리는 가정도 있다.

가정예배를 드리는 장소는 시간에 따라 달라진다. 식사 시간에 가정예배를 드리면 장소는 식탁일 것이고, 아이들이 자기 전에 가정예배를 드린다면 아이들의 침실이 적절한 장소가 될 것이다. 만약 주중에 한 번 가정예배를 드린다면 거실에서 모이는 것이 좋다.

4

아버지가 인도한다

아버지는 늘 바쁘고 피곤한 사람이라는 핑계 아닌 핑계로 가정예배에서 배제되기 일쑤다. 스스로 직무를 유기하는 경향도 없지 않다. 그러면 가정예배는 어머니와 자녀들만의 전유물이 되고 만다. 하지만 반드시 가정의 가장이 가정예배에 적극 참여하는 분위기를 만들어야 한다. 먼저 아버지가 가정예배에 참석할 수 있는 시간을 찾으라. 그리고 가정예배를 아버지가 인도하라.

5

남편이 아내의 머리요 가장임을 인정한다

가장은 왕·선지자·제사장의 직무로 가정을 섬겨야 한다. 가장이 그 직무를 유기할 경우 권위가 땅에 떨어지고 만다. 신앙의 영역에서 남편이 아내의 안내와 지시를 따르게 되면, 남편의 권위가 서지 않는다. 그 경우 가정이 혼돈스럽고 무질서해진다.

아내는 남편의 영적인 권위를 인정해야 한다. 비록 남편의 신앙이 연약해 보여도 그 권위가 사라지는 것은 아니다. 남편은 가정에서 가장으로서 군림하는 것이 아니라, 영적 지도력으로 가정을 적극 섬겨야 한다. 아버지이자 남편의 영적 권위로 가정을 섬기는 최고의 방법이 바로 가정예배를 인도하는 것이다.

남편을 격려하고 칭찬하되
아이들 앞에서 비난하거나 정죄하지 않는다

가장이 가정의 영적 지도자로서의 직무를 잘 수행하면 좋겠지만, 현실은 그렇지 못한 경우가 많다. 그때 아내는 남편을 쉬 비난하고 정죄하게 된다. 특히 자녀들 앞에서 아버지의 약점을 비난하면 아버지의 영적인 권위가 땅에 떨어질 수 있다. 그것이 자녀들에게 좋은 영향을 줄 리 없다.

아내는 남편의 장점을 칭찬하고, 격려하며, 약점을 보충하며, 가정을 세우는 조력자로서의 역할을 잘 감당해야 한다. 또한 남편은 자신의 직무를 생각하고, 기도하며, 가정을 바른길로 인도해야 한다. 가장은 가족 구성원을 영적으로 먹이고, 하나님을 영광스럽게 하며 그분을 영원토록 즐거워하는 길로 이끌어주어야 한다.

7

위임의 방법으로 아내가 인도할 수 있다

가장의 부재 시 아내가 위임받아 가정예배를 인도할 수 있다. 위임이라는 단어를 사용하는 이유는 가정에서 아내와 남편의 위치 때문이다. 모든 사회 조직과 기관에는 질서가 있다. 가정도 마찬가지이다. 남편이 생업으로 인해 가정예배에 참여하기가 어려울 경우, 아내가 가정의 왕처럼 행동해도 된다는 뜻은 아니다. 아내는 남편의 위임을 받아 그 권위 아래 역할을 감당할 수 있다.

남편의 부재 시 아내는 남편의 위임을 미리 받아두거나, 혹은 가정예배를 드릴 때 남편에게 전화를 걸어 자녀들이 보는 앞에서 가정예배를 대신 인도해도 되는지를 묻는 지혜를 발휘할 수 있다. 이런 방법을 통해 가정의 질서를 세울 수 있다.

딱딱하고 지루하지 않도록 한다

가정예배를 경건하게 드리려다가 자칫 딱딱하고 지루하게 인도하게 되는 경우가 있다. 필요할 경우 진중한 분위기도 가능하겠지만, 가정이라는 특성을 살려 자연스럽고, 편안하고, 즐거운 분위기가 좋다. 아이들이 방 안을 돌아다니거나 심하게 장난을 치는 등의 무질서는 피해야겠지만, 무릎을 꿇게 한다거나 눈도 깜빡이지 말라는 등 절대로 움직이지 못하게 할 필요는 없다. 성경을 읽을 때는 경청하도록 바른 자세를 요구할 수 있지만, 질문하고 대화할 때는 다리를 펴고 기지개를 켤 수도 있다. 가벼운 농담을 던질 수도 있고, 웃음이 나오면 크게 웃을 수 있는 분위기를 만들면 좋다. 부모도 하나님 앞에서 자녀이기에 하나님 앞에서 웃고 즐길 수 있다는 분위기를 만들라.

9

짧게 드리는 것을 두려워하지 않는다

가정예배는 길게 드리면 안 된다. 특별한 경우가 아니고는 짧게 드리는 것을 두려워하지 말기를 권고한다. 시간은 10-15분 정도가 적당하다. 아무리 좋아도 길게 하다 보면 가정예배를 오래 지속하기가 어렵고, 쉽게 지쳐버린다. 매일 조금씩 드려 평생의 습관이 되게 하는 것이 더 중요하다. 부흥회처럼 몇 번 하고 중단할 것이 아니기 때문에 가정예배를 길게 드리는 것은 금물이다.

10

순서와 내용은 자유롭게 하되
말씀·기도·찬송·나눔의 요소가 가능한 포함되게 한다

틀에 박힌 형식을 고수할 필요가 없다. 기도로 시작할 때가 있다면, 찬송으로 시작할 수도 있다. 말씀을 먼저 읽고, 찬송하고, 기도할 수도 있다. 이런 변화를 주어 형식적 매너리즘을 탈피하는 것도 지혜로운 방법이다. 가능하면 말씀과 기도, 찬송, 나눔의 요소가 포함되면 좋다. 어떤 경우는 바빠서 성경만 읽을 수도 있고, 힘든 일로 피곤하면 기도만 할 수도 있다. 중요한 것은 가정예배를 자연스럽게 습관화하는 것이다.

11

가정마다 고유한 특성을 살린다

어린 자녀가 있는 가정과 중·고등학생을 둔 가정의 가정예배는 다를 수밖에 없다. 자녀들이 어린 경우 촛불을 켜놓고 가정예배를 드릴 수도 있다. 필요한 경우 성경 구절을 암송하는 가정예배를 드릴 수도 있다. 우리 가정도 몇 달 동안 가정예배 시간에 시편 1, 9, 23편과 요한복음 1장, 고린도전서 13장 등을 암송했다. 성경을 읽은 후 그 내용을 연극으로 꾸며볼 수도 있는데, 이런 방식은 중·고등학생이 있는 가정에서는 어려운 퍼포먼스다. 가정마다 고유한 특성이 있음을 인정하고 그것을 특화할 수 있는 여유를 가질 것을 권한다.

어떤 가정은 가정예배를 마치고 맛있는 간식을 먹는다. 자녀들이 성인이 된 가정에서는 가정예배 후 티타임을 가지며 담소를 나누기도 한다.

12

공예배 순서를 굳이 고집하지 않는다

가정예배는 교회 공예배의 반복이나 복사판이 될 필요가 없다. 아버지는 설교를 준비할 이유가 없다. 헌금을 한다거나 찬양대를 흉내 내어 찬양할 필요도 없다. 가정예배는 가족만의 독특한 행사이기 때문에 가정의 특성을 잘 살리는 것이 중요하다. "다 같이 묵상 기도로 예배를 시작하겠습니다"라는 형식적인 멘트도 가정예배에는 어울리지 않는다. 그저 "우리 기도할까?" 혹은 "찬송가 1장 부르자!", "창세기 1장 읽자!"라는 말이면 충분하다.

아이가 어릴 때 시작할수록 좋다

젊은 부모들은 종종 자녀들이 어려서 가정예배가 힘들다고 말하곤 한다. 아이가 어리면 가정예배를 드리기가 현실적으로 쉽지 않은 것이 사실이다. 가만히 앉아 있는 것도 힘들어한다. 비록 어린 자녀와의 가정예배가 시끌벅적하고 좌충우돌일지라도, 어릴 때부터 시작하면 자녀는 가정예배를 당연하게 받아들인다. 종종 부모가 피곤해 가정예배를 건너뛰려고 하면 자녀가 성경책을 들고 나타나서 가정예배를 드리자고 조르기도 한다.

사실 가정예배는 결혼한 후 자녀가 없을 때부터 시작하는 것이 맞다. 아이를 임신했을 때도 부부가 함께 성경을 읽으며 찬송하고 기도한다면 태교를 하고 있는 것이나 다름없다.

이미 늦었다고 생각하는 가정도 걱정할 필요 없다. 늦었다고 생각하는 순간 시작하는 것이 가장 빠른 때일 것이기 때문이다.

성경을 읽고 아이에게 질문한다

성경을 읽고 반드시 질문을 하라. 이를 통해 가족 간의 경건한 대화가 가능하다. 질문은 아이들이 성경을 잘 들었는지 확인할 수 있는 좋은 방법이다. 주의해야 할 것은 질문이 너무 어려우면 안 된다는 것이다.

경청했다면 누구나 답할 수 있는 질문을 해야 한다. 그래야만 좋은 대답을 기대할 수 있다. 아이가 어릴수록 단순한 질문을 하고, 아이가 자라갈수록 유추하거나 생각하고 적용할 수 있는 질문으로 옮겨가면 된다. 질문을 통해 아이들의 영적인 상태를 확인할 수 있고 그에 맞는 영적인 지도를 할 수 있다.

15

성경을 삶에 어떻게 적용할 것인가에 대해 토론하며 대화한다

아이들이 성경을 단순히 암기하거나 지식적인 앎에서 그치는 것이 아니라 삶에 적용하는 데까지 나아가기는 결코 쉽지 않다. 하지만 그 방향으로 나아가는 것이 가정예배의 목표가 되어야 한다. 물론 자녀가 어리다면 성경을 단순하게 암송하게 하거나 하나님에 대한 이야기를 하는 것으로 만족해야 한다. 초등학생이라면 성경 속 하나님의 구원 역사와 성경 시대 성도들의 삶을 이해하고 하나님의 자녀가 어떻게 살아야 할지를 배우는 데 중점을 두어야 할 것이다. 아이가 자라서 중·고등학생 혹은 성인이 되면 성경 말씀을 삶에 적용하는 훈련을 해야 한다. 가정예배에서 삶에 관한 이야기를 성경으로부터 자연스레 끌어내 토론하고 대화하는 것은 매우 소중하다.

(16)

설교하지 말라. 성경을 그냥 읽고 듣는 것으로도 충분하다

가정예배에서 설교는 듣기 싫은 잔소리가 될 가능성이 크다. 그냥 성경을 읽고 그 뜻을 이해하는 것만으로도 충분하다. 물론 가장이 성경의 의미를 설명하고 적용하며 자녀들을 훈계할 수도 있다. 하지만 매일 반복되면 좋지 않다. 부모는 설교를 할 수 있을 정도로 전문가도 아니다. 가정예배에 대해 부정적인 경험을 가진 대부분의 사람들이 지적하는 부분은 아버지의 설교에 대한 것이 많다. 설교가 매번 잔소리로 이어졌고, 그것도 같은 이야기의 반복이었다고 토로하곤 한다. 가정예배에서의 설교는 결코 환영받지 못한다. 하늘 아버지의 말씀만이 가정예배를 주도하도록 하라.

(17)

자녀의 질문에는 친절히 답하되 모르는 것을
부끄러워하지 말고 다음에 준비해서 알려준다

가정예배는 여유가 있어야 한다. 인도자가 말씀을 읽고 잠시 호흡을 가다듬는 시간을 가질 것을 권한다. 그래야 자녀들이 궁금한 것을 질문할 수 있다. 가정예배를 일사천리로 진행하기만 하면 질문할 의지를 꺾어버리게 된다. 종종 부모가 성경 지식이 없어서 아이들의 질문에 대답을 못할까봐 두려움을 가지기도 하는데, 그럴 필요가 전혀 없다.

부모도 성경에 대해 잘 모를 수 있다는 것을 아이들도 안다. 잘 모르면 모른다고 대답하라. 대신 목사님에게 물어본 후 대답해주겠다고 하면 된다. 자녀들은 부모가 알지 못하면서 아는 것처럼 행동하거나 우기는 것을 더 힘들어한다. 아이는 부모가 생각하는 것보다 훨씬 더 부모를 이해하고 품는 데 너그러운 마음을 가지고 있다.

18

기도를 길게 하지 않는다

어떤 어머니가 가정예배 때 30분이나 울며 불며 기도했다고 한다. 그런 기도는 개인적으로 골방에 들어가서 해야 한다. 아이들 보라고 큰 소리로 기도하는 것은 기도의 본래 의미와도 맞지 않다. 가정예배에서의 기도는 간결해야 한다.

19

기도는 구체적이고 실제적이어야 한다

가족 구성원의 구체적인 기도제목을 두고 기도한다. 세계 복음화와 대한민국의 평화를 위한 기도는 너무 범위가 넓고 피상적이다. 물론 가정에서 매일 기도할 제목을 주제별로 나누어서 기도할 수는 있다. 하지만 가정예배에서는 교회에서 파송한 선교사를 위한 기도만으로 충분하다. 당면한 시험이나 학교 공부, 친구 관계와 같은 구체적이고 실제적인 기도를 하는 것이 좋다.

20

한 가지 찬양을 반복하는 것도 좋고
몰랐던 찬송가나 CCM을 배우는 방법도 좋다

가정예배 때 찬송이 빠지는 경우가 있는데, 찬송은 음률이 있는 기도이다. 찬송은 입술로 표현되는 감사의 열매다. 찬송은 가정예배의 분위기를 부드럽게 하며 기운을 북돋우는 부수적인 효과도 있다.

우리 가정에서는 찬송가를 1장부터 차례차례 불러나간 적도 있다. 찬송을 골고루 부를 수 있다는 점이 좋았다. 물론 가족들 각자가 좋아하는 찬송을 골라 부르는 것도 좋다. 한 곡을 한 주 혹은 한 달 동안 불러도 좋다. 같은 찬송을 반복하는 것은 매너리즘에 빠질 수 있는 위험이 있지만, 한편 안정감과 편안함을 주기도 한다.

요즘 아이들은 어른들이 즐겨 부르는 찬송가를 잘 모른다. 가정예배는 세대를 통합한 모임이기 때문에 찬송가나 부모가 잘 모르는 CCM을 배우면서 불러도 좋다. 찬송을 배우며 부모와 자녀 세대가 문화적으로 자연스럽게 통합되는 기회로 삼을 수도 있다.

FAMILY WORSHIP GUIDE

PART.3

부록

서울 서문교회는 성도들에게
가정예배를 안내하고 권하는
작은 유인물을 만들어 나누어주었다.
그 내용을 소개한다.

부록.1

가정예배 안내문

가정예배는 온 가족이 함께 가정에서 하나님과 만나는 소중한 시간입니다. 가정예배를 드리는 방법은 가정의 수만큼이나 다양할 수 있습니다. 다음 예를 참고해 선택하면 됩니다.

시간 — **가족이 모일 수 있는 때를 찾습니다**

- 매일 모입니다.
- 주말에 모입니다.
- 식사 전에 모입니다.
- 식사 후에 모입니다.
- 아침 일찍 일어나 모입니다.
- 저녁 늦게(9시 혹은 10시) 모입니다.
- 15분 내외가 좋습니다.

장소 — **가족이 자연스럽게 얘기할 수 있는 곳을 정합니다**

- 식탁에 둘러앉습니다.
- 거실에 동그랗게 모여 앉습니다.
- 안방에서 편안하게 모입니다.
- 아이 침대 위에서 합니다.

성경 **규칙적으로 일정 분량을 읽습니다**

- 그날의 묵상 본문을 읽습니다.
- 그 날짜에 해당하는 잠언을 한 장씩 읽습니다.
  - 5일이면 잠언 5장을 읽음.
- 시편을 연결해 읽어갑니다.
- 창세기부터 요한계시록까지 순서대로 읽어갑니다.
- 때로는 성경의 요약인 교리를 읽는 것도 유익합니다.
  - 교리는 자녀의 나이를 고려해 선택할 수 있습니다. 웨스트민스터 대 · 소요리문답, 하이델베르크 요리문답 또는 웨스트민스터 신앙고백이 있습니다.

질문과 나눔 **읽은 성경을 확인하고 생각을 나눕니다**

- 질문을 던져 잘 이해했는지 확인합니다.
- 답하기 쉬운 질문을 합니다.
- 성경과 관련된 삶의 이야기가 있으면 자연스럽게 나눕니다.
- 가능한 경우 앞으로의 적용을 나눕니다.

찬송 — 온 가족이 부를 수 있는 찬송을 부릅니다

- 찬송가를 부릅니다.
- 복음성가를 부릅니다.
- 어린이 찬송을 부릅니다.

기도 — 읽은 성경 내용과 관련해 구체적으로 기도합니다

- 기도로 시작하고 기도로 마칩니다.
- 사도신경을 고백함으로 시작할 수도 있습니다.
- 가족의 삶과 관련된 실제적인 것을 기도합니다.
- 기본적으로 가장이 가족을 위해 기도합니다.
- 때로는 가족이 돌아가면서 기도할 수도 있습니다.
- 기도를 주기도문으로 대체해도 됩니다.
- 각 요일별로 기도제목을 달리할 수도 있습니다.
- 기도일지를 쓰는 것도 좋습니다.

가정예배 형식 1

기도 ▶ 성경 ▶ 찬송 ▶ 기도

가정예배 형식 2

사도신경 ▶ 성경 ▶ 찬송 ▶ 기도

가정예배 형식 3

기도(사도신경) ▶ 성경 ▶ 질문 ▶ 찬송 ▶ 기도

가정예배 형식 4

기도(사도신경) ▶ 성경 ▶ 질문+나눔+적용 ▶ 찬송 ▶ 기도

부록.2

가정예배 일지

가정예배 일지를 만들어 활용하는 것도 도움이 됩니다.
교회에서 성도들에게 나누어주어 활용하면 좋습니다.

	가정예배 일지	
일시	2020 년 2 월 20 일 시작 : 20 시 00 분 / 마침 : 20 시 20 분	
장소	우리 집 거실	참석자 : 아빠, 엄마, 나, 동생
성경	잠언 20장	찬양 : 찬송가 413장
나눔	지혜로운 입술이 금이나 진주보다 더 귀한 보배라는 말씀을 생각하고, 우리 가족들의 평소 언어생활에 대해서 나누었다.	
감사 및 기도	아빠: 회사 동료에게 복음 전하게 하심에 감사, 　　　팀원들에게 격려의 말을 하는 팀장이 되길 엄마: 가족들이 모두 건강함에 감사 나: 중간고사를 앞두고 하나님의 지혜로 공부할 수 있기를 동생: 친구와 다투고 시기한 일을 회개, 　　　먼저 사과할 수 있는 용기 주시길	
느낀 점	말이 중요하다는 것을 느꼈다. 말을 할 때 하나님이 지혜를 주시길 기도해야겠다.	

가정예배 일지

일시	년 월 일 시작 : 시 분 / 마침 : 시 분		
장소		참석자	
성경		찬양	
나눔			
감사 및 기도			
느낀 점			

가정예배 일지				
일시	년　　　월　　　일			
	시작 :　　시　　분　　/　　마침 :　　시　　분			
장소		참석자		
성경		찬양		
나눔				
감사 및 기도				
느낀 점				

	가정예배 일지			
일시	년　　월　　일			
	시작 :　시　　분　/　마침 :　시　　분			
장소		참석자		
성경		찬양		
나눔				
감사 및 기도				
느낀 점				

부록.3

가정예배 결심서

교회나 그룹에서 함께 가정예배를 시작하겠다는
결심서를 만들어보는 것도 좋습니다.
아무리 열정이 있어도 눈에 보이도록 만들어놓지 않으면
쉽게 잊어버리거나 중단되는 경우가 많습니다.
공개적으로 결심서를 작성하면 책임감을 더 갖게 됩니다.

우리 가족 가정예배 결심서

우리 가족은
살아 계신 하나님과 동행하기 위해
2020년 3월 1일부터
가정예배를 정기적으로 드리기로 결심합니다.

일시 : 2020. 3. 1   장소 : 거실   인도 : 아빠

이름 :	임경근	_(본인이 직접 서명)_
	윤혜숙	
	임예림	
	임예솔	
	임예찬	
	임예서	

위의 결심을 성실히 지킬 것을 약속합니다.

20   년   월   일

우 리 가 족 가 정 예 배 결 심 서

우리 가족은
살아 계신 하나님과 동행하기 위해
년   월   일부터
가정예배를 정기적으로 드리기로 결심합니다.

일시 :   장소 :   인도 :

이름 : _____   본인이 직접 서명 _____

_____   _____

_____   _____

_____   _____

_____   _____

위의 결심을 성실히 지킬 것을 약속합니다.

20   년   월   일

우리 가족 가정예배 결심서

우리 가족은
살아 계신 하나님과 동행하기 위해
년   월   일부터
가정예배를 정기적으로 드리기로 결심합니다.

일시 :   장소 :   인도 :

이름 : _____   _____ 본인이 직접 서명

_____   _____

_____   _____

_____   _____

_____   _____

위의 결심을 성실히 지킬 것을 약속합니다.

20   년   월   일

우리 가족 가정예배 결심서

우리 가족은
살아 계신 하나님과 동행하기 위해
년   월   일부터
가정예배를 정기적으로 드리기로 결심합니다.

일시 :   장소 :   인도 :

이름 : _____   _____ 본인이 직접 서명

　　　 _____   _____

　　　 _____   _____

　　　 _____   _____

　　　 _____   _____

위의 결심을 성실히 지킬 것을 약속합니다.

20   년   월   일

주

PART. 1
03. 역사 속 가정예배는 어떤 모습이었을까?

1) 제임스 W. 알렉산더, 임종원 옮김, 『가정예배는 복의 근원입니다』, 미션월드라이브러리, 2003, 18쪽.
2) 라이먼 콜먼, 『그리스도 교회의 고대 풍습』(The antiquities of the christian church) 2판, 375쪽.
3) 대한예수교장로회(고신)총회, 『헌법』, 대한예수교장로회출판국, 1993, 252쪽.

사명선언문

너희가 흠이 없고 순전하여……세상에서 그들 가운데 빛들로
나타내며 생명의 말씀을 밝혀 _ 빌 2:15-16

1. 생명을 담겠습니다
만드는 책에 주님 주신 생명을 담겠습니다.
그 책으로 복음을 선포하겠습니다.

2. 말씀을 밝히겠습니다
생명의 근본은 말씀입니다.
말씀을 밝혀 성도와 교회의 성장을 돕겠습니다.

3. 빛이 되겠습니다
시대와 영혼의 어두움을 밝혀 주님 앞으로 이끄는
빛이 되는 책을 만들겠습니다.

4. 순전히 행하겠습니다
책을 만들고 전하는 일과 경영하는 일에 부끄러움이 없는
정직함으로 행하겠습니다.

5. 끝까지 전파하겠습니다
모든 사람에게, 땅 끝까지, 주님 오시는 그날까지
복음을 전하는 사명을 다하겠습니다.

서점 안내

광화문점	서울시 종로구 새문안로 69 구세군회관 1층 02)737-2288 / 02)737-4623(F)
강남점	서울시 서초구 신반포로 177 반포쇼핑타운 3동 2층 02)595-1211 / 02)595-3549(F)
구로점	서울시 동작구 시흥대로 602, 3층 302호 02)858-8744 / 02)838-0653(F)
노원점	서울시 노원구 동일로 1366 삼봉빌딩 지하 1층 02)938-7979 / 02)3391-6169(F)
분당점	경기도 성남시 분당구 황새울로 315 대현빌딩 3층 031)707-5566 / 031)707-4999(F)
일산점	경기도 고양시 일산서구 중앙로 1391 레이크타운 지하 1층 031)916-8787 / 031)916-8788(F)
의정부점	경기도 의정부시 청사로47번길 12 성산타워 3층 031)845-0600 / 031)852-6930(F)
인터넷서점	www.lifebook.co.kr